働き方改革を
すすめる
「ホワイトカラー資格」

宮下 清［著］

中央経済社

まえがき

　本書は，ホワイトカラーの仕事力を社会的に認定・評価する際の指標となる「ホワイトカラー資格」についての研究成果に基づくものである。日本ではホワイトカラーが従事する職務を対象とする「ホワイトカラー資格」の必要性はあまりみられなかった。しかし，ホワイトカラーの生産性が問われ，その働き方や労働時間が見直される現在，「ホワイトカラー資格」は組織成果，人材育成，職業生活や国際競争力を改善する制度となり得る。

　筆者がホワイトカラー資格に注目するのは，1つはホワイトカラーの仕事力評価，2つにはホワイトカラーの社会的育成，3つにはビジネスと職務のグローバル化対応という，3つの必要性があるためである。言うまでもなく，外国人との交流はあらゆる面で深まり，日本での仕事にも国際的な連係やその影響が急増している。米欧ではホワイトカラーの仕事，例えば経理，人事やマーケティングなど職務の専門組織が発達し，そこでの評価基準や資格制度が整備され，ホワイトカラー職務の国際標準が形成されている。日本でもホワイトカラーの評価や育成において，国際的な評価や資格を考慮しておく必要がある。こうした国際標準への動きは，経営大学院（MBA）がホワイトカラーの国際資格（学位）となっていることからもうかがえる。

　日本では大学などを卒業後，総合職，営業職，技術職や事務職などのホワイトカラーとして就職することが多く，ホワイトカラーは就業者の約6割を占める代表的な労働者と言える。新卒で入社する際，ホワイトカラーとしての職務能力や専門知識は求められないが，10年後に転職する際には仕事の実績とともに，その能力や知識が問われる。これは10年間の仕事経験を通して，ホワイトカラーの「仕事力」を身につけたこと，ホワイトカラー職務に専門性が存在することの証左でもある。

　その仕事力をどう評価するかとなると，日本のホワイトカラーの仕事の幅は広く，求められる知識や能力の一般化は難しい。そのため，ホワイトカラーの評価や育成は各企業の人事考課に基づき，職務経験やOJTを考慮して行われて

きた。このように，日本では職務や仕事力は特定組織にとどまり，外部での評価は困難とされてきたが，英国の職業資格（NVQ）をはじめ，欧米においては技術系のみならず事務系ホワイトカラーの職務にも社会的な評価制度や資格が整えられている。2019年度からの「専門職大学」は職業教育に重点を置いた新しい大学制度の創設であり，日本のホワイトカラーの評価や育成にも変化の兆しが見え始めている。

現在の日本では「働き方改革」が掲げられ，長時間労働の是正や非正規社員の待遇改善などの取組みに注目が集まっている。その背景には，少子高齢化による労働力人口の減少がある。それらに対して女性，高齢者や外国人など多様な人材の活用をワークライフバランスやダイバーシティマネジメントによって実現しようとしている。

時間外労働を是正し，労働時間を短縮するためには，ホワイトカラーの評価のあり方や仕事の進め方などを見直すことが肝要になる。主体的なキャリアが求められ，労働の質が問われるものの，職務経験や能力が企業内にとどまり，社会的に評価されにくい現状では，長時間労働によって特定組織での評価を高めようとする現状から脱却できないままある。ホワイトカラー資格が社会に浸透すると職務や評価の基準が示され，さらにホワイトカラーの仕事力が標準化され社会的にオープンになることの意義は大きい。

これまでの研究成果を本書にて出版させていただくことで，「ホワイトカラー資格」を広く社会に提起したい。経営学には実践性が不可欠であるように，ホワイトカラー資格も社会で活用されてはじめて，その存在意義が得られる。本書がホワイトカラーの仕事の取組みやホワイトカラーの育成を見直すきっかけの1つになることがあれば，筆者にとって望外の喜びである。

2017年12月

宮下　清

目次

まえがき　*i*

序章　ホワイトカラー資格の必要性　*1*

1　本書の目的　*2*
2　問題の認識　*3*
3　問題の背景　*4*
4　本書の構成　*6*

第1章　ホワイトカラー資格とは何か　*9*

1　ホワイトカラーとは　*10*
2　資格を取り上げる意義　*13*
3　職務の専門性とは　*16*
4　ホワイトカラー資格の位置づけ　*19*

第2章　日本のホワイトカラー資格　*25*

1　はじめに　*26*
2　ホワイトカラー公的資格と認定能力　*27*
3　ホワイトカラー公的資格の事例　*32*
4　ビジネス・キャリア制度の導入理由　*40*
5　公的な職務能力評価制度　*45*

6 おわりに 46

第3章　営業職にみる専門性と資格　51

    1 はじめに 52
    2 日本企業の営業職 53
    3 営業職の資格と専門性 58
    4 自動車販売営業職の仕事 62
    5 自動車販売営業職の専門性 67
    6 自動車販売にみる営業職の育成 70
    7 営業プロフェッショナル 73
    8 おわりに 75

第4章　外資系企業にみる職務の専門性　79

    1 はじめに 80
    2 外資系企業の研究について 81
    3 日本企業と外資系企業の比較 83
    4 職務の専門性を考える 85
    5 専門性と職務遂行のために 88
    6 職務能力の育成 92
    7 おわりに 95

第5章　日本と米国のホワイトカラー資格　　99

1. はじめに　*100*
2. 日本のホワイトカラー資格について　*102*
3. 日本のホワイトカラー資格の活用と取得　*107*
4. 日米の人事職務対象の資格　*114*
5. ホワイトカラー資格の効用と課題　*124*
6. おわりに　*127*

第6章　ホワイトカラー資格とビジネス学位　　131

1. はじめに　*132*
2. ホワイトカラー資格の捉え方　*133*
3. 欧米のホワイトカラー資格の捉え方　*135*
4. 日米英ホワイトカラー調査の概要　*139*
5. 日米英ホワイトカラーによる評価　*141*
6. 日米英における人材育成・資格・学位　*147*
7. 日米英のホワイトカラー資格とビジネス学位　*149*
8. おわりに　*151*

第7章　日米英ホワイトカラー資格の比較　　155

1. はじめに　*156*
2. ホワイトカラー職務の資格　*158*
3. ホワイトカラー資格の新たな役割　*161*
4. 日米英の人事資格　*163*

5　日米英ホワイトカラーの取得資格　*171*
　　6　おわりに　*173*

終　章　ホワイトカラー資格への期待　*179*

　　1　ホワイトカラー資格の展開と課題　*180*
　　2　ホワイトカラー資格の存在意義　*183*
　　3　ホワイトカラー資格と職務評価基準　*185*
　　4　日本のホワイトカラー資格のあり方　*186*

あとがき　*189*
参考文献　*193*

初出論文一覧

序章
　新規執筆

第1章
　新規執筆

第2章
　宮下清「ホワイトカラーの職務能力と公的資格―ビジネス・キャリア制度にみる職務能力の育成と評価―」『日本労務学会誌』第7巻第2号, pp.15-27, 2005.

第3章
　宮下清「営業プロフェッショナルの条件―日米自動車販売の営業職にみる専門性と人材育成―」『国際ビジネス研究学会年報』11, pp.299-313, 2005.

第4章
　宮下清「外資系企業にみる職務の専門性」『国際ビジネス研究学会年報』8, pp.87-99, 2002.

第5章
　宮下清「ホワイトカラー公的資格の現状と課題―日米人事資格の比較考察を中心に―」『人材育成研究』第4巻第1号, pp.63-80, 2009.

第6章
　宮下清「ホワイトカラーの公的資格とビジネス学位―日米英ホワイトカラー調査の国際比較から―」『日本経営学会誌』, 第32号, pp.118-130, 2013.

第7章
　宮下清「日米英ホワイトカラー資格に関する一考察―人事資格の国際比較を中心に―」『日本労務学会誌』第15巻第1号, pp.20-37, 2014.

終章
　新規執筆

序章

ホワイトカラー資格の必要性

1 本書の目的

　本書は，日本における「ホワイトカラー資格」の現状と課題を探り，欧米諸国をはじめとする海外のホワイトカラー資格や職務評価基準を考慮し，今後の日本のホワイトカラーの資格や職務能力の評価・育成のあり方を提示することを目指すものである。そのために，日本におけるホワイトカラー向けの資格（ホワイトカラー資格）を主たる対象とし，その前提となる，ホワイトカラーの仕事とその評価について考察していきたい。

　ホワイトカラーの資格を取り上げた理由は，大卒者をはじめとしてホワイトカラーと位置づけられる従業員が増加し，その重要性が質的にも量的にも高まっていると考えたためである。その背景には，1990年代以降，終身雇用や年功序列など日本的雇用の特質が失われるにつれて，個々の従業員が自らの職務能力を評価・認識し，それを高める必要が生じたことがある。

　ホワイトカラー資格とともに，企業での人材育成や職務の評価に関する人事管理や育成の諸制度，大学・大学院を含む学校での職業教育や学位の役割などの課題についても明らかにしていきたい。そのためには，関連する概念である，仕事，仕事をする力（仕事力）または職務（遂行）能力，ホワイトカラーなどについて，それぞれの意味を明確にしておく必要がある。

　ここではホワイトカラーとホワイトカラー資格について概観しておきたい。まず「ホワイトカラー」とされるのは企業など組織に雇用されて働く従業員の中で，事務職，専門職，技術職，販売職，管理職等を指している（岸，1998；大竹ら，2003；高橋，2005）。別の捉え方をすれば，現業職と技能職を除く従業員すべてが含まれることになり，広い職種を含んでいる。しかし，一般にはもう少し絞り，オフィスで働くスタッフとしての事務職と技術職の従業員を意味することが多い。販売職（営業職）と管理職は，広義ではホワイトカラーに含まれるが，一般的には，それぞれセールス職やマネジメント職と捉えられ，ホワイトカラーとはやや異なる括り方をされる

　次に「ホワイトカラー資格」とは，上述のホワイトカラー向けの資格を意味

している。つまり，主として企業などに雇用されて働くホワイトカラーの職務を対象とする資格である。そうしたホワイトカラー資格は特定企業内でなく，外部で汎用的に評価・認定される公的な資格・検定などがそれに該当すると言える。しかしながら，ホワイトカラー資格という特定の資格が現代の日本に存在しているわけではない。本書では「ホワイトカラー資格」という用語を使っているが，この意味はいくつかの資格を含み，また実存しない資格を想定している場合もある。したがって，ホワイトカラー資格とは本書で筆者が使用している呼称であり，現段階では社会一般に使用されているわけではない。しかし，近い将来，ホワイトカラー資格の必要性が理解され，この用語が広まることも考えられる。

2　問題の認識

　日本のホワイトカラーは，これまでその職業キャリアの決定を企業に委ねることが多かったが，次第に自ら主体的にキャリアアップを図ることが求められつつある。しかしながら，ホワイトカラーの職務経験についての社会的評価やその評価・認定のための仕組みや制度は，現在の日本ではほとんど機能していない。そのため，もしホワイトカラー向けの公的資格が適切に機能すれば，職務能力（仕事力）の社会的評価や認定の有力なツールとなることが期待される。しかし，現段階ではホワイトカラー向けの資格として広く浸透した資格は存在していない。そのため，ホワイトカラーの資格に潜在的な需要があるとしても，その必要性が明確になっているとは言えない。

　日本の企業において，従業員が職務能力を発揮する場は，ほとんど特定企業内に限られ，組織内（企業内）での評価や昇進が重視されてきた。従業員は就職した企業に長年勤務し，上司や同僚からの評判や人間関係に留意しつつ，権限や報酬のより高いポストへの昇進を目指してきた（Ouchi, 1981；森, 1995）。OJTや社内教育などの能力開発やジョブ・ローテーションも内部人材（従業員）の長期雇用・育成を前提としたものであった（石田, 1989；今田ら, 1995）。

このように日本企業は人材を組織内に囲い込み，長期的に育成・活用を図ることを主眼としてきたため，そこでは職務・職業能力を労働市場で横断的に通用させる必要性は生じてこなかった。新規学卒者を一括採用し，企業特殊的な知識・技能を教育・訓練することは，他社での活用を困難にしているという指摘（高木，2004）もあるように，ホワイトカラーの流動化はほとんど進展しなかった。また大企業をはじめ，企業経営者や管理者の人材供給も当該企業での内部昇進に依存しており，経験する職務・職能は限定されてこなかった（白井，1992）。したがって，人事，経理，販売，購買などの職務の専門性やそこで求められる知識や能力は特定企業内での評価にとどまり，対外的な評価を求める要請は高まらなかった。こうした人事評価や人材育成には，多くの論者の指摘を待つまでもなく，終身雇用や年功序列制など，いわゆる日本的経営における雇用慣行の影響が大きかった。

　このように仕事の評価が企業内・組織内にとどまっている状態では，外部での評価や転職・中途採用の機会などは限られ，社会的な能力評価制度の実現も難しい。いわゆる中途採用でのキャリアアップを図る欧米流の出世コースやミッドキャリアというのは，日本の企業や組織ではあくまで少数派である。そのような中，ホワイトカラー向けの資格が機能するなら，職務の社会的評価・認定の方法となり得る。そして，そうした社会的制度は働く人にとって，重要なツールになるはずである。このような問題認識に基づき，本書ではホワイトカラーの能力育成や職務遂行などを含めて，資格の問題を取り上げている。

3　問題の背景

　これまで日本企業では，長期勤続による安定的な雇用や昇進が重視されてきた。新規学卒で入社する場合，担当職務は入社後の配属ではじめて決められる場合が多かった。したがって，就職というより，就社と言われてきた。入社後も同じ企業にとどまるなら，社内で職務の専門性（必要な知識や能力）が評価されることが重要となり，社外で専門性が認められる必要性が低いことは自然なことと考えられる。

しかし，1990年代以降，バブル経済の崩壊後は，特定企業での長期雇用を前提にしてきた日本的経営も次第に変容してきた。人材の流動化やプロフェッショナル化，個としてのキャリア追求などの社会的要請が高まり，人材ポートフォリオや成果主義的な人事制度が注目されてきた。職種別採用や中途採用が増え，ホワイトカラーの職務も徐々に顕在化されてきた。こうした変化を背景にして，仕事に必要な知識や能力を社会的に評価する職業資格の存在意義も生じてきた。

　日本のホワイトカラーは長期雇用が前提とされ，企業内教育の機会が与えられてきた。企業内教育には新入社員研修から若手・中堅層や管理職向けの研修，OJTや自己啓発など多岐にわたる内容と方法がある。特に大卒社員を中心としたホワイトカラーは組織の基幹人材とされ，管理職候補として数多くの企業内教育（研修）がなされてきた。しかし，21世紀に入るにつれて，経済成長を前提にした終身雇用や年功制に基づく日本的経営は変化を遂げており，人材育成においても，企業主導で全体の底上げを図るものから，自己責任で選抜的なものへと次第に移行している。

　本書のテーマでもある「資格」については，日本では第二次世界大戦後，高度成長期や1980年代以降に多くの資格が生まれ，脚光を浴びた時代があった。そしてバブル崩壊以降の現在までに，何度かの資格ブームということが言われてきた。長引く不況と人員削減が続く中，資格の種類は増加し，資格取得のための学校やセミナーも多くみられる。しかし，資格が注目されていても，その評価は個々の資格（級）により大きく異なり，資格を取得できれば，常に就職などで有利になるとは言えない。

　よく知られる「英語検定」や「簿記検定」のように歴史があり，受験者も多い資格は，社会的に浸透した資格である。さらに医師，弁護士，薬剤師をはじめ特定の業務に就くために必要な資格もかなり存在している。しかし，本書が対象にしているホワイトカラー資格となると，意外なほどにその数は少ない。欧米諸国では職業資格が日本に比べて浸透しており，各職業・職務それぞれの専門組織が基盤となり，資格・検定が策定・実施されている。職業資格は会員制（メンバーシップ）に基づき，専門職業組織が社会的に確立し，個人，企業，社会を結び付けている。欧米では，日本の「ビジネス・キャリア検定」のよう

な，ホワイトカラー全体の職務を1つの枠組みで認定するような資格は見当たらない。

4　本書の構成

　本書の構成は次のようになっており，それぞれの課題に対して，調査研究を行い，その分析結果や考察結果から，さまざまな発見や提案が引き出されている。まず序章に続く，第1章「ホワイトカラー資格とは何か」では，本書全体の問題提起を行う。すなわち，ホワイトカラー資格とは何か，なぜ必要となるのかが最初の課題となる。続いて，関連する重要な概念である職務の専門性を論じ，ホワイトカラー資格の現状と課題を概観する。ここはホワイトカラー資格の問題を論じる本書の導入となる章である。

　続く第2章「日本のホワイトカラー資格」は，ホワイトカラー資格の概要を示し，具体的な事例として，ビジネスキャリア検定を取り上げ，この制度・資格について，その意義と策定の経緯を論じる。ビジネスキャリア検定という日本の公的な資格制度につながる社会的仕組みが英国の資格制度の影響を受けて発足したことが，ホワイトカラー資格を顕在化させる契機の1つになっている。さらに，1990年代，2000年代を中心にビジネスキャリア検定の状況と課題を示し，ビジネスキャリア検定以外のホワイトカラー資格についても概観する。

　第3章「営業職にみる専門性と資格」では，ホワイトカラー資格のあり方について，営業職を対象に考察する。営業職の専門性とは何か，営業職の人材育成の現状，代表的な営業職とその特徴が示される。続いて，代表的な営業職である自動車販売にみる営業職を事例として取り上げ，その現状と課題を論じる。営業職を取り上げたのは，営業こそが最も典型的なビジネスにおける業務であり，多くの人が従事する仕事だからである。また営業はビジネスの原点でもあり，資格を検討する上でも重要と考えるためである。

　第4章「外資系企業にみる職務の専門性」では，日本にある外資系企業を取り上げ，そこでの職務の特徴や日本企業との違いを明らかにする。外資系企業において，本国（主に欧米系）での仕事の進め方や評価の仕組みはどうなって

いるのか。そこには本国の影響がどれほど強いのか，または日本に対応し変化しているのか，これらを探ることは興味深い。自動車企業を事例とした比較調査は古いものであるが，変わらない特徴も多くみられ，職務の専門性や資格を考える上で貴重と思われる。

第5章「日本と米国のホワイトカラー資格」では資格制度が最も発展していると考えられる米国のホワイトカラー資格の歴史的発展と現状を日本のホワイトカラー資格と対比することで，その差異や特徴を明らかにする。世界最大規模の米国の資格は，どのように発展してきたかを探ることで，日本のホワイトカラー資格の発展につながる示唆が見出せる。日本との厳密な比較は困難であるが，人事資格を事例として試みている。

第6章「ホワイトカラー資格とビジネス学位」では，国際社会での現代的ホワイトカラー資格とも言うべき，MBA（ビジネス修士学位）について論考する。特に日米英3カ国のホワイトカラーを対象にした調査結果に基づき，学位資格でもあるMBAの有効性や限界について明らかにする。また各国別の差異についても検討し，今後のビジネス学位の活用と課題について考察する。

第7章「日米英ホワイトカラー資格の比較」では，日米のホワイトカラー資格に専門職業組織から生まれた歴史のある英国の資格制度を加えて，各制度の比較検討を行っている。第5章に引き続き，人事資格を事例とした比較と資格の効用について考察する。

終章「ホワイトカラー資格への期待」では，日本におけるホワイトカラー資格の今後について，また職業能力とその評価基準について展望する。これまでのホワイトカラー資格についての論点や課題を総括するとともに，これからのホワイトカラー資格のあり方についての提言を行う。

第1章

ホワイトカラー資格とは何か

本章においては，本書全体に関わる問題提起を行いたい。まず最初の問題としては，ホワイトカラー資格とは何か，そして，ホワイトカラー資格はなぜ必要なのか，という点である。続いて，関連する重要な概念である，職務の専門性について検討する。その後，ホワイトカラー資格の1990年代からの発展状況と課題を概観していきたい。このように本章は，ホワイトカラー資格の基本的な問題を概観するもので，本書の導入となる章である。

ホワイトカラーとは

（1）ホワイトカラーとされる従業員

　ホワイトカラーとは，一般にオフィスで働く従業員を意味し，これは工場で働く従業員であるブルーカラーに対する概念である。ホワイトということから，背広・ネクタイとワイシャツ，つまりホワイト（白い）のシャツを着ている事務員や技術員というイメージがある。しかし，ホワイトカラーの原語は，"white collar"つまり白い襟元のことであり，white color（白い色）ではない。それに対して，青い襟元の作業服を着ている現場労働者，技能系労働者のことをブルーカラー（blue collar）としている。
　ただし，このホワイトカラーの定義とは，それほど明確なものとは言えない。国によって，また時代によって，該当する従業員の範囲は異なっているようである。もちろん，事務系の従業員を意味することは共通しており，オフィスで働く人が対象となる。さらに，オフィスにいる営業職（販売職），技術職や研究職もホワイトカラーに含まれるが，工場や研究所にいる従業員はホワイトカラーにならないのか，といった疑問が生じる。また，営業職もオフィスにいるより，顧客の職場など社外に出ていることが多いが，それでもホワイトカラーになるか，といった疑問も生じる。このように，事務職との共通点も多い技術職，管理職，営業職，サービス職，研究職などはホワイトカラーに含まれるのか，職種による区別をどうすべきかが論点の1つである。
　もう1つは，学歴による区別である。伝統的な日本の大企業メーカーにおい

第1章 ホワイトカラー資格とは何か

ては，大卒（大学院卒を含む）が事務職，技術職として採用配属され，高卒が現業職，技能職の要員とされていた。しかし，現在では中途採用とその後の正規採用として入社するルートもあり，両者の区別が常に明確とは言えなくなっている。また製造業や建設業などと異なり，サービス業や商業では採用する正規従業員はすべて，またはほとんど大卒という企業も少なくない。そうした従業員の中には，本社の人事や経理などのスタッフ部署に配属される人が少数いるものの，営業部門で営業職（販売職）となる人が多いと思われる。

事務系スタッフは典型的なホワイトカラーであるが，果たして営業職がホワイトカラーに含まれるか否かについては意見が分かれている。これについてはホワイトカラー，またはホワイトカラーに準ずると解することが妥当である。なぜなら，少なくともブルーカラーとは言えないからである。そうした営業職や販売職などに対しては「グレーカラー」という呼び方がある。新しい用語であり，それほど定着していないが，このような呼称は日本だけでなく，中国など海外でも用いられているようである。ほかにも米国でよく使われる「ゴールドカラー」という，ホワイトカラーより専門性が高いなど市場価値の高いスタッフや研究員に対する呼称や，「メタルカラー」という熟練した技能者や優れた技術者に対する呼び方もある。

さらに，現代の日本では，企業で働く人は正社員だけでなく，いわゆる非正規社員と呼ばれる，パート，アルバイト，派遣社員，契約社員などさまざまな雇用形態の労働者がいる。そうした労働者も就業場所，仕事内容，職種によって，ホワイトカラーという位置づけがなされる場合がある。非正規社員でも，ホワイトカラーとしての職務を担当することは珍しくなくなっている。つまり，非正規従業員であっても，本書が取り上げるホワイトカラー資格の受験対象であり，ホワイトカラー資格の取得はもちろん可能である。そうしたホワイトカラー資格を取得後，正社員になり，名実ともにホワイトカラーになることも考えられる。

（2）事務系ホワイトカラーの資格

ホワイトカラーの資格制度について検討する際，ホワイトカラーの中で特に「事務系ホワイトカラー」を対象と考えている。事務系ホワイトカラーという

場合，営業職や管理職は含まれるが，技術職や研究職は含まれない。事務系ホワイトカラーに着目する理由は，技術系ホワイトカラーを対象とする資格はあらためてここで取り上げるまでもなく，すでに日本社会で確立されているからである。技術系には，電気・電子，機械，建築・土木など多様な領域が含まれるが，これらの多くには技術士をはじめとする国家資格や公的資格が用意されている。そのため，新たに技術系を対象とするホワイトカラー資格を設置する必要性はほとんど存在しないのである。

技術系ホワイトカラーの仕事の基盤となる知識や専門性は，大学における理学，工学，農学，医学など理系に該当する専門分野である。これらの分野では，知識が体系化され，その学習成果が専門性として社会的に認められている。そのため，電気，機械，建築などを大学で専攻した場合，そのまま企業など組織の技術系職務と直結する場合が少なくない。技術士をはじめとする技術分野そして情報分野では多くの資格がすでに活用されている。

一方，事務系ホワイトカラーを対象とする資格はほとんど存在していない。ホワイトカラーと関連する資格と考えられるのは，中小企業診断士，社会保険労務士や税理士といった士業と言われる専門家の資格である。しかし，これらは独立開業が想定される職業資格であり，企業などのホワイトカラーに求められるものではなく，またホワイトカラーの職務との関連が必ずしも深いわけでもない。

ホワイトカラーの仕事に関連する資格で，実際に多くの人が取得しているものは簿記，英語，情報に関する資格・検定であり，これは本書が扱っている1990年代から現在まで変わっていない。これらは，経理財務，海外業務，情報関連の業務に従事するホワイトカラーにとっては関連するが，それ以外のホワイトカラーにとっては仕事をする上での共通基盤となる知識や技能を示す資格・検定である

ほかに，法務，営業，ビジネスに関する資格もあるものの，限られた分野で活用されるにとどまっている。企業等の組織でホワイトカラーが従事する人事，経理，総務，営業，事務管理，購買などの業務そのものを対象とした資格はほとんど存在していない。そうした状況下で，ホワイトカラーの仕事を対象とする資格として2007年度から「ビジネス・キャリア検定」が実施されている。し

かしながら、年間の受験者数は、2万人強（2016年度前期の受験者11,800人、合格者5,600人ほどで、前期後期で年2回実施）にとどまり、対象となるホワイトカラーの人数からみると、その活用や浸透は限られている。ほかにホワイトカラー向けの資格検定と考えられるものに、「ビジネス能力検定（B検）ジョブパス」（1995年設置・2013年制度改定、職業教育・キャリア教育財団）と「ビジネスマネジャー検定試験」（2015年度設置、東京商工会議所）がある。これらはいずれも職種や業種を問わないホワイトカラー共通の資格検定である。

ビジネス能力検定は就職活動をする学生から若手社会人を主たる対象にし、旧制度を合わせると20年以上の歴史があるが、同検定の受験者は年間2万5千～3万人ほどである。ビジネスマネジャー検定試験は、課長クラスの管理職（マネジャー）を主たる対象とする新しい資格検定で、受験者は年間1万～1万5千人ほどである。このようにホワイトカラーを対象にした新しい資格検定が創設されていることは、ホワイトカラー資格が少しずつ形成されつつあるのかもしれない。

ただし、これまでに見聞してきた企業人事部の話や調査結果からも、ホワイトカラーの候補である大卒の新規採用において、資格の必要性は高いとは言えない。そもそも資格が必要とされる仕事はホワイトカラーにはないという考え方が現在でも少なくない。一般に、ホワイトカラーに必要とされる資格として上位にあがるのは、自動車免許と日商簿記くらいである。ほかに職種に応じて、証券外務員資格、生命保険販売資格、MR認定試験（医療情報担当者）などがあげられることが多い。

2　資格を取り上げる意義

(1) 資格の種類

「資格」とは、医師や弁護士など、いわゆるプロフェッショナルとされる専門家としての資格もあれば、誰もが比較的簡単に取得できるような英語検定や簿記検定の初級段階の「検定」もある。また、企業内の資格制度といった場合

は，特定企業内での評価制度や人事処遇制度の中での資格もある。本書では，こうした社内の処遇制度としての資格は対象としていない。

　資格は，まずその認定機関の違いから，国家資格，公的資格，民間資格という3種類に分けられる。国家資格は，医師や公認会計士，建築士，気象予報士などが該当し，法律に基づいて，国や認定された機関が試験を行い，有資格者は一定の知識や技術があることが認められる。さらに，これらの職業は資格がないと業務ができない資格で，社会的信用も高いものである。

　公的資格は，法律上の規定はないが，行政機関に準じる公的機関，地方自治体，公益法人などが実施する資格である。公的資格には，簿記検定，ビジネス・キャリア検定，ビジネス能力検定，ビジネス実務法務検定，販売士検定，ビジネスマネジャー検定などホワイトカラーの仕事に関連する資格が多く含まれている。食品衛生責任者，日本漢字能力検定，カラーコーディネーター検定などビジネス分野以外の資格も多くある。

　民間資格には法律の規定がないため，企業や民間の団体が独自の審査基準によって認定されるものである。そのため，TOEICやTOEFLなど英語の国際基準となる資格，中国語検定，貿易実務検定，IT企業によるベンダー資格，インテリアコーディネーターなど幅広い領域の資格が含まれている。ベンダー資格とは，例えば，マイクロソフトやオラクルといったIT企業が自社製品に関する知識やスキルの認定を行うようなもので，業界でも広く認知されているものも多くある。このように民間資格はきわめて多様であり，認知度が高く社会的に認められている資格から，ほとんど知られていない資格までが含まれる。

　資格の分類としては，その位置づけや存在意義から，業務独占資格，名称独占資格，必置資格がある。まず業務独占資格はその資格がなければ業務を行うことができない資格であり，医師，看護師，弁護士，税理士，美容師などの国家資格が該当する。名称独占資格とは，資格取得者だけが名称を使用できるもので，介護福祉士，中小企業診断士，技術士などがある。介護や中小企業診断という仕事はできるが，名称を名乗ることは法律違反になるものである。業務独占資格は名称も紛らわしいものは使えず，独占されている。また必置資格とは，特定の事業を行う場合には，その企業や事業所に資格保持者が少なくとも1名必要になるという資格である。これには，宅地建物取引主任者（宅健），

衛生管理者など，よく知られている資格がある。

（2）資格・検定の評価

資格と類似する概念とされる検定には業務独占や名称独占はなく，検定試験に合格することで，一定の知識や能力があることが証明されるものである。検定の実例としては，日商簿記検定，英語検定，販売士検定などがある。これらの検定は広い意味では資格と称されることも多い。このように資格・検定は，非常に多くの種類があり，また難しいものからやさしいもの，社会的な評価が高いものから，そうではないものまで多様である。いずれにしても，それぞれの分野や業界で何らかの目的があり，また意義があり，設置されている。

このように資格は国家資格だけでなく，公的資格や民間資格が混在しており，一定の基準があるものの，その設置や運営の審査はきわめて多様な状況にある。したがって，資格が取得されたことによる意味や評価が得られないこともあるのが現状である。そのため，社会的な基盤や評価が確立されていない資格が多くあり，さまざまな資格が混在していることも事実である。

資格制度の課題としては，その種類が1,000種類以上（中央教育審議会生涯学習分科会）ときわめて多いことから，資格の評価が確立されにくいことがあげられる。高収入の仕事に就ける資格は，医師など，ごく一部に限られている。ほとんどの資格がその取得だけで就職や収入が約束されるものではなく，資格にどれほどの有効性があるかは明確になっていない。そのため，資格商法と呼ばれるように，かなり高額で教材を販売したり，研修を行う業者が存在しており，しばしば虚偽表示や詐欺として問題となっている。

（3）能力を証明する資格

このように事務系ホワイトカラーは，産業のサービス移行や仕事の高度複雑化に伴い，また大卒者の増加を受けて，その存在感は質量ともに高まっている。一方では，雇用の非正規化も進んでいる。社会や労働市場の変化を受けて，ホワイトカラーのあり方も多様となり，全体としては個々の労働者の流動化は進む傾向にある。

こうした情勢下では，1つの組織・企業に長く勤務する人の割合が低下し，

ホワイトカラーも自分で自らのキャリアを切り開いていくことが重要になってくる。昇進昇格のみならず，雇用の継続・保持を図るためにも，社会的に認定された仕事の遂行能力を示す資格の存在は，個人にとっても組織にとっても役立つはずである。個人にとっては自己の能力証明となり，組織にとっては育成や評価の基準として，また組織全体の能力の証明として，客観性のある資格があることは，有益と考えられる。

3 職務の専門性とは

（1）事務系ホワイトカラーの専門性

　あらゆる職務には，何らかの知識や技能が必要である。そのような知識や能力を「職務の専門性」と言うことができる。専門学校や大学などの学生にとって，専門とは専攻している学問分野のことである。大学や高専などの教員にとって，自らの専門は明確であり，それが肩書きとして示されていることが一般的である。

　それに対して，企業や官庁など社会の一般的な組織の構成員にとっては，所属部門や担当部署は明確であるものの，個々人の専門についてはあまり問われない。また，従業員や職員も自らの専門は何かとさほど意識していない。どのような仕事であっても実際には，その職務の遂行のためには所定の知識や技能が必要なはずである。しかし，日本では専門や専門性があると言う場合，相当高い水準，または習得するのに時間がかかる知識や技術・技能を持っていることが前提となっている。

　そのため，企業の仕事で専門性が求められるのは技術系や一部の特殊な業務に限られている。特に，専門家と言う場合は，大学や研究機関に勤める研究職や，ある分野について長年研究してきた人を意味することが多い。そうした研究職に該当しない多くの従業員，特に事務系ホワイトカラーには専門家はいない，その職務に専門性はないとみられている。

　しかし，本当に事務系ホワイトカラーは専門家ではないのだろうか。海外に

目を転じると，マーケティング，人事，経理などを担当するスタッフはスペシャリストとされ，それぞれの分野の専門家とみられている。彼らはマーケティング，人事や経理の専門家の組織に帰属し，そこでの資格を取得していることが多い。つまり，彼らの仕事には専門家が取り組むような専門性があるとみなされている。

日本ではそのような専門家の組織や資格はなく，また専門性を外部の共通尺度で評価することができていない。そもそもホワイトカラーが取り組む企業内の仕事を外部評価する必要がなかったので，そのための仕組みや制度としての資格も生まれていない，という状況がその背景にある。しかし，同様の仕事をしている以上，実際には日本のホワイトカラーの仕事にも専門性が必要なことは間違いない。それを専門性として抽出あるいは認識しているかどうかの違いによると考えることができる。

資格を取得する場合には，知識や能力がどれほどあるかを測る試験が行われる。英語検定や簿記検定では，主に筆記試験の成績により資格取得の可否が決定される。ホワイトカラーの仕事の能力を評価する場合には，職務の専門性が評価されることになる。しかし，実際にはきわめて多様な職務があり，それらの遂行能力をどう測るかは難しい課題である。そのため，ホワイトカラーの職務を遂行する力，いわゆる仕事力を客観的に評価することは難しく，非現実的であると考えられる。そのことがホワイトカラー資格が生まれにくい理由の1つと考えられる。

それでも，ホワイトカラーの仕事を対象にした資格の開発が不可能ということはないだろう。そのためには，仕事を進める上でのさまざまな能力を含めた試験が必要であり，試験の方法も筆記だけではなく，面接や実技や，職場での報告や観察などさまざまなものが考えられる。つまり，これまでホワイトカラー資格ができなかった理由としては，適切な資格を開発し，運営することの困難さもあるが，その設置の必要性が低かったことのほうがより大きな理由であると考えられる。

(2) 職務遂行能力を構成するもの

職務遂行に必要な要素としてはコンピテンシーの表層部分を構成するとされ

る知識，技能，態度（KSA：Knowledge, Skill and Attitude）がある（Spencer et al., 1993）。これらは，職務の専門性のかなりの部分を構成していると考えられるが，職務を遂行するすべての要素には，態度に該当する意欲や行動力なども必要になる。とはいえ，専門性が確立されるには，まず，そのための知識や技能が体系化されていることが重要である。さらに知識が体系化されているということは，それらが学問として成立している場合が多いと考えられる。つまり，専門性を確立するためには，知識技能の体系化が必要であり，それは多くの場合，学問として成立していることが想定される。このことは，職務の専門性とそれを認定するための資格の成立には，学問の役割が重要であることを意味する。

　もちろん，知識が体系化されると，必ず学問として確立されているのか，またそうでないと資格はできないのかなどの疑問が生じる。これらについては本書で取り上げるものの，ホワイトカラーの職務にある専門性とは，学問では規定されていないものがあり，数学や物理学のような絶対的な知識や能力ではなく，相対的なものであることが多い。

　もう1つの軸になる職務能力の種類としては，ハーバード大学のロバート・カッツによる，テクニカルスキル（業務遂行能力），ヒューマンスキル（対人関係能力），コンセプチュアルスキル（概念化能力）がある。これらはマネージャーに求められるスキルとして示されたもので，ロワーマネジメント，ミドルマネジメント，トップマネジメントと階層が上がるにつれて，テクニカル・スキルから，ヒューマン・スキル，コンセプチュアル・スキルへと，求められるスキルの割合が変化していく（Katz, 1955）。

　テクニカル・スキルとは，仕事を実際に進める力，業務遂行能力であり，商品や市場の知識，販売力，商品開発力，営業力，情報収集能力，技術力などあらゆる職種や専門性が関わるスキルである。

　ヒューマン・スキルとは，対人関係能力であり，リーダーシップ，コミュニケーション，対人折衝力，人材育成力，人間関係構築力などが含まれる。ヒューマン・スキルは職務の遂行のためには大変重要であるが，それぞれの能力を客観的に評価することは難しいスキルである。

　最後のコンセプチュアル・スキルは，概念化能力とも呼ばれ，さまざまな知

識や情報を組み合わせ，現象を概念化することで，論理的思考により本質を理解し，問題解決や課題実行につなげる力である。このように，この3つのスキルの中で職務遂行に直接関わる能力としては，テクニカル・スキルが該当する。まずはここを主にした職務の専門性や資格の検討が考えられる。

また，職務の専門性をどのように規定するかはホワイトカラー資格の成立を考える上で大変重要である。専門性の概念はどのようなものかによって，資格の内容や評価方法も決まってくるためである。ここで明示したい点は，学問の成立や専門性の確立も歴史的な職業の成立や法律の整備によって決められた面があり，決して固定したものではないことである。学問として規定されていない要素や能力は，職業や職務に関連する領域においては少なくない。ホワイトカラー資格が成立するかどうかも，こうした要素が相当影響しており，この点は本書全体の課題でもある。

4 ホワイトカラー資格の位置づけ

（1）ホワイトカラー資格の実例

本書で取り上げる「ホワイトカラー資格」とは，どのようなものであろうか。ホワイトカラー資格とは，ホワイトカラー（主に事務系スタッフ）の仕事能力を証明する資格のことである。一般的に資格や検定は，特定の知識や技能が一定水準に達したことを社会的に証明するものである。ホワイトカラー資格はその評価対象をホワイトカラーの仕事とした資格と言うことができる。

少し詳しく言えば，ホワイトカラー資格とはホワイトカラーが従事している職務を対象に，その遂行能力を評価し，一定基準に達した場合に受験者に与えられる資格のことである。これは，別の見方をすれば，企業等における仕事の能力に対する社会的な評価制度と言えるだろう。

資格全般となると，きわめて多種多様なものが評価対象になるが，ホワイトカラー資格やそれに関連する資格・検定に絞り込むと，どのようなものがあるだろうか。現在，日本で設置されているホワイトカラー資格と考えられる代表

的な資格としては，ビジネス能力検定（B検），ビジネスマネジャー検定とビジネス・キャリア検定がある。

　ビジネス能力検定はコミュニケーション，マナー，文書，情報などビジネスに共通な基礎知識を評価し，各級別（1級，2級，3級）の水準達成を認定するものである。またビジネスマネジャー検定は，人と組織，業務，リスクという3分野のマネジメントを中心に職種・業界を問わずあらゆるマネジャーが共通に必要な知識習得を認定するものである。一方，ビジネス・キャリア検定は，人事，経理，営業などホワイトカラーが従事する代表的な職能部門別に行われ，必要となる知識を評価し，各級別（上級，中級，初級）の水準達成を認定している。社会人共通の，新人や若手向けの基礎的な知識を認定するのが「ビジネス能力検定」，中堅以上のホワイトカラーである管理職に求められるマネジメント知識を対象とするのが「ビジネスマネジャー検定」，そして，各職務部門での，基礎から中堅までの業務知識を対象とするのが「ビジネス・キャリア検定」と，大まかに位置づけることができる。

　これら以外にも，簿記検定，ビジネス実務法務検定などがホワイトカラーの仕事との関連が強い資格検定と考えられる。特に経理系資格（簿記検定，簿記能力検定，税理士など）は，英語系資格（英検，TOEICなど），情報系資格（基本情報技術者，ITパスポートなど）とともに，事務系ホワイトカラーが最も取得している資格である。

　また，これらのビジネス資格とは一線を画す独立系のビジネス関連資格として，中小企業診断士と社会保険労務士がある。これらは伝統的な国家資格であり，本来は独立開業も可能な難関資格であるが，企業に勤めるホワイトカラーが取得している場合も少なくない。自己啓発や能力育成に有益なものであり，高い業績や評価につながると考えられる。

　さらに，さまざまな業界では業界独自の資格があり，業界内で浸透し，確立しているものも多くみられる。銀行業務検定，証券外務員，証券アナリスト，ホテルビジネス実務検定，ファッションビジネス能力検定などが業界別資格の例である。これらの資格は，業界団体などが主導し，必要性から設置されたもので，ニーズにマッチしているため，うまく活用されている場合が多い。

（2）海外のホワイトカラー資格

　一方，ビジネス能力検定やビジネス・キャリア検定などは，必ずしも業界やホワイトカラーからの要請に基づいて設置されたとは言えず，まだ十分に活用されている状態には至っていない。

　ビジネス・キャリア検定を運営している中央職業能力開発協会では，「職業能力評価基準」という，いわば社会的な職務評価基準を作成し，公開している。これは業界別のものであり，業界の主導や協力のもとに作成され，運営されている。こうした基準はホワイトカラー資格のもう１つの形と考えられる。

　日本のホワイトカラー資格は，このような現状にあるが，海外のホワイトカラー資格はどうであろうか。本書では，特に米国と英国のホワイトカラー向けの資格を対象に比較検討を進めていく（第５章，第６章，第７章）。よく知られるとおり，欧米で「あなたの仕事は何ですか」と質問すると，「医薬品の営業担当です」とか，「品質管理の技術者です」というように，自分が担当している職務を答えるという。それに対して，日本では「武田薬品の社員です」とか，「日立（の本社／工場／研究所）に勤めています」などと勤務先の企業や部門を答えることが多いとされる。

　これは日本のホワイトカラーが，担当職務より所属組織を重視していることの表れである。日本はタテ社会であり，専門を同じにする者同士のヨコのつながりは希薄である。所属する組織や企業を超えて，同じ仕事をする専門家集団という意識は，日本のホワイトカラーにはほとんどない。このことは，労働組合が企業別であり，産業別や職業別は一部を除いてほとんど存在しないことと同様である。

　所属組織である企業に忠誠を誓い，定年までの雇用が保証され，何かと面倒を見てもらえる，いわゆるかつての日本的経営の時代であれば，企業内評価を重視するため，タテ社会を受け入れることはよく理解できる。しかし，バブル崩壊後の日本では，さらにリーマンショック以降では，伝統的な長期人事を享受できる層は次第に少なくなり，労働人口の流動化が進むことになる。そうであれば主体的にキャリアをマネジメントしていくことが重要となり，キャリアアップのための能力向上が求められる。

（3）今後のホワイトカラー資格

　そうした近未来の日本社会を考える上で，ホワイトカラー資格が個人のキャリアアップのための客観的な能力証明となり，より良いキャリア実現に役立つことが期待される。しかしながら，現状ではそうしたホワイトカラーのキャリアアップにつながる役割を果たしている資格・検定はなく，そのための制度が十分整備されているとも言えない。

　ホワイトカラーの職務能力は，あらゆる組織の能力，生産性に大きな影響を与える。多国籍企業やグローバル企業での各事業所の生産性や品質など仕事の成果を競う場合において，最も重要となるのは人的資源である。そうした人的資源，いわゆる人材の能力や専門性を社会的に認識，評価，育成していくことは，個人のキャリア，企業戦略，国家の政策など，それぞれにとってきわめて重要な課題と言えよう。

　これまでの慣行として，日本企業では職務遂行の能力や知識を客観的に評価をすることは避けられてきた。もちろん，その必要性がなかった面が大きいが，経験，人柄や意欲などの主観的な評価要素を重視してきた傾向が強い。海外に通用する能力を育成し，グローバル人材を活用するためには，国際的にも共通して評価ができる資格があることは日本全体の利益となる。

　海外諸国では，職業教育を学校教育に並ぶ生涯教育の体系とし，各段階での資格を整備するなど，学校教育と職業キャリアの連係を図る努力がうかがえる。さらにマーケティング，ファイナンス，人事などの分野をはじめさまざまな事務系ホワイトカラーの職務において専門家の組織が設立され，資格が設けられていることも注目すべき点である。

　さらに，海外でMBA（経営学修士）が評価されていることは，専門職業としての学位資格が評価されている証左でもある。この背景には専門資格との関連性もあり，ビジネス修士学位がホワイトカラー資格としての位置づけを獲得している。このように，現在のホワイトカラーにとっては，MBAをはじめとするビジネス修士や専門家組織によるプロフェッショナル資格がグローバル規模でのホワイトカラー資格になっている。日本はこうした動きから，やや離れた状況にあるが，近年では，専門職業大学の創設が決まり，大学教育もアカデ

ミック教育だけでなく，職業教育を重視する動きがみられる。国内外でグローバルビジネスの展開が進む現在，能力向上や高度人材の活用において国際的にも連動し得る資格やそうした社会制度や教育・評価のあり方を考えることが望まれる。

第 **2** 章

日本のホワイトカラー資格

1 はじめに

　これまで日本企業では，ホワイトカラーの職務に必要な知識や能力は，組織内での管理や活用にとどまり，それらを外部で評価するとの認識は低かった。企業での職務に必要な知識や能力は「職務の専門性」を形成するが，その中で学問や資格として理論化・体系化されているものは一部にすぎない。ホワイトカラーの職務にある知識の多くは外部で評価されず，組織や個人の暗黙知として存在している[1]。

　1990年代のバブル経済の崩壊から，日本的経営の特徴とされてきた終身雇用や年功制が揺らぎ，長期雇用から流動的な短期雇用，キャリア志向への変化がみられる。エンプロイアビリティ，キャリア開発，成果主義など新たな人事管理を展開するためには，職務の知識や能力を外部にも通用する基準で捉えることが重要となる。このようにホワイトカラーの職務能力を社会的に評価することが求められ，その1つの制度が「資格」と考えられる。

　本章では，ホワイトカラーの職務能力の育成と評価に関わる公的資格について「ビジネス・キャリア制度」を中心に考察する。ビジネス・キャリア制度を活用する企業を調査し，ホワイトカラーの職務能力とその育成・評価において公的資格が果たす役割，意義，課題を明らかにすることを目的とする。

　まず，2 ホワイトカラーの公的資格の役割，分類と認定する能力を概観する。次に，3 ビジネス・キャリア制度，実施状況を概観し，本研究の理論モデルと仮説を提示する。続いて，4 ヒアリング調査からビジネス・キャリア制度導入期における先駆的企業での活用とフォロー調査による大手企業の状況と課題を明らかにする。最後に，5 ホワイトカラーの公的資格のあり方を考察し，全体のまとめとする。

ホワイトカラー公的資格と認定能力

(1) 資格の役割

　日本における職業に関わる公的資格には，建築・不動産，語学，コンピュータ・情報処理などの特定職務や技術に関するものがよく知られている。一方，人事，経理，営業などホワイトカラーの職務に関する公的資格で広く認められているものはほとんどなく，関連する資格も社会保険労務士，簿記検定，販売士など限られている。終身雇用や年功制による人事管理が一般的であれば，就職後は公的資格などで職務知識や能力を証明する必要性が低いことは当然であろう。横断的な労働市場や専門職業組織が発達してこなかった日本では，職業や職務に関する公的資格は新規学卒者の就職や若年層の転職時などに，一部で活用されていたにすぎない。

　しかし，1990年代以降は成果主義への移行が進むなど，日本的経営が大きく変容し，ホワイトカラーが自らの職業キャリアを勤務先である企業に委ねることは難しくなった。個人がキャリア形成を志向するにつれて，公的資格の存在意義は高まると考えられる。ホワイトカラーの公的資格について検討するには，まず資格の役割を明確にしておく必要があるだろう。

　安藤（1994）は資格の役割として，従業員が知識，技能を習得する場合に資格が手近な目標となるため，企業が資格取得を奨励するという教育効果を指摘している。さらに，資格の社会的機能には規範的機能と保険的機能があるとし，規範的機能とは目指す職業に就こうとする人が資格取得を当面の目標とすることであり，保険的機能とは万一に備えて資格取得をすることであると論じている。

　今野・下田（1995）は資格の第一の役割は労働者の能力の証明であり，次に提供される財やサービスの質の評価手段であるという。派生的に労働者の能力開発を促進する役割があり，さらに資格取得者の職業的利益の保護・改善の役割もあることを指摘している。公認会計士，社会保険労務士や司法書士など，

従来のホワイトカラー向けの代表的な資格の役割とは特定職業に就くための条件であった。しかし、それにとどまらず、資格には企業内の職業能力の認定、能力開発の促進という役割もあると考えられる。

(2) 資格の分類

資格をその認定機関から分類すると、公的資格、公認資格、社内認定資格に分けられる（桐村、1985）。公的資格の一部を国家資格とし、公認資格の一部を民間資格として区分する場合もある。また、国家資格、公的資格、民間資格および業務独占資格、名称独占資格、必置資格に分類することもできる（木村、2011）。資格の社会的評価はその等級、市場性、評価者等によって異なり、公的資格が公認資格や民間資格より権威があり、価値が高いとは限らない。

今野・下田（1995）は資格の認定・付与者と職業上の機能という2つの基準から資格を分類している。それによると、資格はその認定・付与者からは国家資格、公的資格、民間資格の3つに、職業上の機能からは業務独占型と能力認定型の2つに分けられる。図表2－1は2つの基準から、資格の分類を整理したものである。国家資格には公益性や法律・政策の浸透、行政機構の能率化推進などの機能があり、医療・教育などの分野、税理士、社会保険労務士、司法書士などが該当する。

公的資格は国家資格と民間資格の中間型であり、資格付与の一定の基準を諸官庁が認可し、それに関わる業務を外部の財団法人等の団体に実施させているもので、実用英語技能検定、消費生活アドバイザー、ビジネス能力検定、ビジネス・キャリア検定、ビジネスマネジャー検定などがこれに該当する。民間資格とは、民間団体が任意に与える資格であり、信頼性等が問題視されるものもあるが、日商簿記検定やTOEICのように社会的に浸透している資格も含まれる。

次に職業上の機能からの分類では、業務独占型はその資格がないと業務ができないといった、税理士や公認会計士に代表される資格である。それに対して能力認定型は一定の技能・知識を有していることを認定する資格で、業務を行うことと資格の有無には関係がない。秘書技能検定やビジネス・キャリア検定はもとより、中小企業診断士、技術士など、企業の職務に関わるホワイトカラー向けの資格には能力認定型が多い。

第2章　日本のホワイトカラー資格

図表2-1　資格の分類

			資格の認定・付与者		
			国家資格	公的資格	民間資格
職業上の機能	業務独占型	職種型	医師，弁護士，弁理士，税理士，公認会計士，司法書士，宅地建物取引主任者，不動産鑑定士	――	――
		職務型	危険物取扱者，毒物劇物取扱責任者	――	――
	能力認定型		技術士，中小企業診断士，情報処理技術者，技能検定	実用英語技能検定，消費生活アドバイザー，秘書技能検定，ビジネス能力検定，ビジネス・キャリア検定，ビジネスマネジャー検定	日商簿記検定，ワープロ技能検定，TOEIC，マイクロソフト認定資格，オラクル認定資格

出所：今野・下田（1995），木村（2011）を基に作成

（3）資格が認定する能力

　多くの資格が能力認定型であり，業務独占型の資格もまた能力が認定された上で，その業務への従事が許されている。資格の主要な役割は能力を認定することやそれを証明することであることは明らかである。しかし，資格を取得したことだけで，その対象となる仕事を行うためのすべての能力が認定されたとは言えない。仕事に必要な能力は職務遂行能力と考えられるが，これには学問や体系化された知識だけでなく，多様な知識や情報に基づく問題解決能力，感性や行動力など複雑な要素が含まれ，資格が認定できるのはそのような能力の一部にすぎない。

　藤村（1997）によると，公的資格，とりわけ文科系の資格が証明できる能力は筆記試験によって測定可能な，理解力や業務関連の知識に限られるという。さらに資格は与えられた情報を整理・分析する能力，いわゆる受動的な能力[2]を証明するだけで，企業が求めている企画力，指導力，変化対応力といった能

動的な能力は証明できないと指摘している。

産能大学の資格に関するアンケート調査（1997）[3]でも，「資格はその人の持つ能力を客観的に示すものか」との質問に，肯定の回答をした企業は42.1%であり，約半数は「どちらとも言えない」と答えている。同調査で資格取得の奨励が「スペシャリストの育成を促す」「自己啓発風土の醸成に役立つ」と考えている企業は7〜8割あったが，「事業活動を進めていく上で不可欠」とした企業は6割弱であった。また資格取得を「能力開発にリンクさせている」企業は約4割だが，「昇進・昇格とリンクさせている」企業は2割に満たなかった。このように資格が認定する能力は一定範囲にとどまると考えられる。

労働政策研究・研修機構による資格・検定の調査結果（2015）[4]において，今後より資格を活用したいと考えていない企業は「資格は職業能力の一部を証明するに過ぎない」（31.6%）ことを，「自社の業務にあった適切な資格・検定がない」（35.1%）こととともに，資格非活用の理由としてあげている。これらは資格が対象とする職務や能力の現状を示している。

次に，カッツ（Katz, 1955）の論じるマネジメント・スキル[5]に基づいて，資格が認定できる能力を考察してみたい。カッツはマネジャーに求められる能力を，テクニカル・スキル，ヒューマン・スキル，コンセプチュアル・スキルの3つに分けて，それぞれがマネジメントのために，どれほどの割合で求められるかを示した（図表2−2を参照）。テクニカル・スキル（technical skill）

図表2−2　マネジメントに求められるスキル

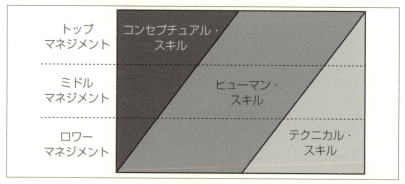

出所：カッツ（1955），稲山（2000）に基づき作成

とは，仕事そのものの遂行に必要な知識や技術・技能を意味する。ヒューマン・スキル（human skill）とは，対人関係能力，つまり人と人のコミュニケーションを行う能力や葛藤を調整するなどの能力のことである。コンセプチュアル・スキル（conceptual skill）とは概念化の能力であり，そこで起こっていることや状況を構造的かつ概念的に捉え，物事や問題の本質を見極めていく能力である。

　図表2－2に示されるように，一般業務では知識や技能が主に必要となるが，それらは多くの場合，テクニカル・スキルが該当している。一般業務から管理業務へ，すなわちマネジメントの仕事の割合が高まるにつれて，コミュニケーション能力，リーダーシップ等のヒューマン・スキルや問題解決，戦略策定などのコンセプチュアル・スキルの割合が増えてくる。このようなヒューマン・スキルやコンセプチュアル・スキルについては資格による認定は難しくなると思われる。したがって，マネジメント・スキルの中で，資格が認定できる能力は限定されることがうかがえる。

　マクレランド（McClelland, 1977）によるコンピテンシー・モデル[6]では，外から見える知識や技能は氷山の表層部分であり，目に見えない水面下には動機，性格，特性などが存在しているとされる（図表2－3を参照）。このコンピテンシー・モデルに基づくと，資格は表層的な知識等の認定はできるが，職務能力に影響を与える深層部分の評価や認定は困難と考えられる。

図表2－3　マクレランドのコンピテンシー・モデル

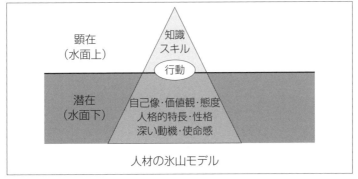

出所：マクレランド（1977），谷内（2001）に基づき作成

しかしながら，資格による能力認定やそこで得られる知識が仕事につながらないというわけではない。社会経済生産性本部（2002）がビジネスキャリア検定の前身であるビジネス・キャリア制度修了認定試験の合格者に実施した調査[7]によると，資格取得によって「知識の理解や体系化ができた」だけでなく，「業務がスムーズにできるようになった」「自信を持って取り組めるようになった」等明らかに職務能力向上を示す回答も複数みられた。

また，労働政策研究・研修機構（2015）が実施した「企業における資格・検定等の活用，大学院・大学等の受講支援に関する調査」[8]において，今後より社外の資格・検定を活用したいと考えている企業は「専門性に対する従業員の意欲を高めることができる」「従業員の仕事上の能力を客観的に評価できる」「社外に対し従業員の職業能力をアピールできる」ことをその理由として回答している。このように資格の取得により認定・証明できる能力は一定範囲に限られるものの，職務能力と関連し，仕事への自信や意欲を高めることもうかがえる。

3　ホワイトカラー公的資格の事例

（1）技能検定制度

技術革新，国際競争，経済のソフト化・サービス化，高度知識化といった現代社会の変化は，ホワイトカラーとその職務の増大をもたらしている[9]。日本企業でもエンプロイアビリティの重視や成果主義が進むにつれて，職務能力を社会的に評価する必要性が高まり，ホワイトカラーである従業員個人にとってもキャリアへの関心が高まっている。図表2－4に示されるように，1959年から職業訓練法に基づき設置された「技能検定制度」[10]は労働者の技能を評価する資格として歴史も長く，社会的に確立している。一方，ホワイトカラーの職務を評価する公的資格制度は，2000年前後からいくつか創設されたが，まだ十分に浸透しているとは言えない[11]。

英米をはじめとする欧米諸国においても，職業能力評価制度の整備が進めら

図表2-4　日米英の職業能力評価制度（1990年頃と現在の概要）

国	日本	米国	英国
制度	技能検定制度（1959）	全国スキル・スタンダード制度（1994）	全国職業資格（NVQ,1986）資格単位枠組（QCF,2009）
目的	働く人々の有する技能を一定の基準によって検定し，国として証明する国家検定制度。技能に対する社会一般の評価を高め，働く人の技能と地位の向上を図る。	全国的な資格制度の構築により，高技能，高賃金の就業機会を増やすとともに，経済活動の国際競争力を強化する。→2003年の組織改編から後退し，定着せず。	国際競争激化，技術革新の急速な進展の中，若年層の基礎的な技能を向上させることにより，国民全体の職業能力をレベルアップ。→QCFはNVQ資格を分割，再編成し，取得しやすくする。
制度運営	厚生労働省 中央職業能力開発協会 都道府県	スキル・スタンダード法（1994）に基づく，全国技能基準委員会（NSSB：国，産業界，労働者等の代表）	職業資格協会（QCA：教育雇用省所管団体）→資格・試験監査機関（Ofqual）
職種	137職種（2002.4）→ 111職種（2017.4）	農業，ビジネス，建設，金融，製造，鉱業，小売，観光，輸送，公務など15産業対象	743職種（2001.9）→ NVQ資格　約1,500（2011）QCF資格　約8,500（2011）
合格者	年間9万人（2001年度）→　約30万人（2016年度）	不明	年間40万人
合格者累計	632万人超（1959～2016年度）	不明（1994～）	349万人（1986～2001）不明（～2011）

出所：厚生労働省職業能力開発局（2002），野村総合研究所（2009），労働政策研究・研修機構（2012），中央職業能力開発協会のホームページ（http://www.javada.or.jp/jigyou/gino/giken.html, 2017.9.20）などに基づき作成

れ，これらは主に日本の技能検定制度に対応するものである。例えば，英国で1986年に導入されたNVQ（National Vocational Qualification：全国職業資格）は，各業界で乱立していた資格を整理した全国統一の職業評価制度である。

2001年時点で全産業の約90％をカバーするとされるNVQには，農林水産，建設，製造など技術・技能分野に加え，事業サービス，知識・スキル開発などの11の職業領域が含まれる。その後，2009年に新制度QCF（Qualifications and Credit Framework：資格単位枠組）が始まり，資格がより小さなユニットに分割され，取得しやすく多様な資格制度となっている[12]。

　現場の仕事を内容とレベルで整理した職務基準により，教育訓練の実施，評価を行うNVQは能力認定資格であり，適用範囲の広さ，資格取得者数，評価の実践性からも，日本のビジネス・キャリア制度と共通する部分が少なくない[13]。米国においても1994年の全国技能基準法（スキル・スタンダード法）に基づく「全国技能基準システム」によって，州単位の職業能力評価制度，資格制度の統一が進められたが，企業の人材育成や産業政策から制度は定着せず，一部の業界団体などでの活用にとどまっている[14]。

（2）ビジネス・キャリア制度の概要

　ビジネス・キャリア検定の前身であるビジネス・キャリア制度は，ホワイトカラーの職務に必要な専門的知識・能力の体系的習得支援を目的に，1993年，労働省により創設された。職務に必要な知識・能力を示すには能力評価が必要となるが，企業・業界を超えて共通の評価の仕組みを構築することは難しい課題である[15]。図表２－５に示されるとおり，ビジネス・キャリア制度は学習支援を目的として開始されたが，2002年度からは新たに職務能力評価を主目的とする制度（ビジネス・キャリア・マスター試験）も設置されている。

　さらに2007年度後期からは，能力評価機能を高めるための見直しが行われ，「ビジネス・キャリア検定試験」（図表２－６を参照）と改定された。これにより専門的知識とそれらを実践で応用する能力を評価する試験としての位置づけが明確になった。

　安藤（1994）はビジネス・キャリア制度発足の背景として，①産業構造・職業構造の変化により，ホワイトカラーが大幅に増加し，ホワイトカラー職種の職業能力開発の重要性が増したこと，②ホワイトカラー職種の職業能力開発は，企業におけるOJTとジョブ・ローテーションが中心で，体系的なシステムは整備されていないこと，③ホワイトカラー層の自己啓発のニーズが高まる中，自

図表2-5 創設期のビジネス・キャリア制度

試験・制度名称	級	職務・職業能力の内容	対象	評価・学習内容
ビジネス・キャリア・マスター試験（ホワイトカラー職務能力評価試験）	上級（企画管理）	管理者，リーダー層の実践的な職務遂行能力の客観的，かつ公平な評価（ビジネス・キャリア・マスターの称号付与）	制限なし（7年～10年以上の実務経験を想定）	（評価内容）広範囲な専門知識の習得。課題発見・解決力，企画力，専門知識の応用力
ビジネス・キャリア・ユニット試験（ビジネス・キャリア制度修了認定試験）	中級（実務）	担当職務の方針に即し，職務に関する専門的知識・能力に基づき，自らの判断により，担当職務を遂行できるレベル	認定講座の受講修了または5年以上の実務経験	（学習内容）専門分野の応用知識・能力の習得
	初級（基礎）	管理監督者の具体的指示を受け，職務に関する基礎的な専門的知識・能力に基づき，日常の職務を遂行できるレベル	認定講座の受講修了または3年以上の実務経験	（学習内容）専門分野の基礎知識・能力の習得

出所：中央職業能力開発協会のホームページ（2004.10.1）および資料（2004）による

己啓発を計画的・体系的に行うための受け皿が整っていないこと，④民間教育機関による教育訓練コースは充実しつつあるが，コースごとの関連やレベルの不統一，科目内容の重複など，継続的・体系的な学習計画を立てることが困難であること，以上の4点を指摘している。これらの指摘は同制度の社会的意義を的確に示していると考えられる。

　ビジネス・キャリア制度の対象となる職務分野は，企業の標準的な職務部門に基づいて設定され，各職務分野は2～4の部門に分かれる。部門はさらにユニットと呼ばれる1～12の学習単位に細分化され，ユニットごとの学習が可能である。習得した知識・能力の確認は年2回の修了認定試験（初級と中級）で行われ，受講者は修了認定の取得により，専門知識・能力の客観的評価を得ることができる。図表2-6のとおり，1998年度から職務分野は10分野に拡充され，企業での代表的職務はほとんど含まれ，制度の枠組みは完成したと考えら

図表2-6　ビジネス・キャリア制度とビジネス・キャリア検定の職務分野

	ビジネス・キャリア制度			→	ビジネス・キャリア検定
	1994年前期	1996年後期	1998年後期		2017年前期
職務分野	人事・労務・能力開発	人事・労務・能力開発	人事・労務・能力開発	→	人事・人材開発・労務管理
	経理・財務	経理・財務	経理・財務		経理・財務管理
		営業・マーケティング	営業・マーケティング	→	営業・マーケティング
		生産管理	生産管理		生産管理
		法務・総務	法務・総務	→	企業法務・総務
		広報・広告	広報・広告		
			物流管理		ロジスティクス
			情報・事務管理	→	経営情報システム
			経営企画		経営戦略
			国際業務		
分野数	2分野	6分野	10分野	→	8分野

出所：中央職業能力開発協会のホームページ（2017.9.17）および同協会資料に基づき作成

れる。既述のとおり，2007年度からはビジネス・キャリア検定となり，物流管理はロジスティクス，情報・事務管理は経営情報システム，経営企画は経営戦略に分野の名称は変更された。

　2009年からの民主党政権下で，11月の行政刷新会議による事業仕分けが行われ，このビジネス・キャリア検定試験が同じ職業能力習得支援制度である「YESプログラム」とともに「廃止」との判断がくだされた。その理由はこうした事業は民間で対応できるというものであった。ビジネス・キャリア検定は存続したものの，国際業務と広報・広告の2分野は廃止され，広報や運営などにおいても縮小や停滞という影響があったことは否めない。そして，現在（2017年）のビジネス・キャリア検定では，図表2-6に示されるように，8分野で行われている。

図表2-7 現在のビジネス・キャリア検定の概要

級	受験対象者として想定される方	合格者に期待される人材像	評価対象となる能力
1級	実務経験10年以上（部門長，ディレクター相当職を目指す方）	企業全体の戦略の実現のための課題を創造し，求める目的に向かって効果的・効率的に働くために，一定の専門分野の知識及びその応用力を活用して，資源を統合し，調整することができる。	マネジメント能力
2級	実務経験5年程度（課長，マネージャー相当職を目指す方）	当該分野又は試験区分に関する幅広い専門知識を基に，グループやチームの中心メンバーとして，創意工夫を凝らし，自主的な判断・改善・提案を行うことができる。	専門知識を活用する能力
3級	実務経験3年程度（係長，リーダー相当職を目指す方）	当該分野又は試験区分に関する専門知識を基に，担当者として上司の指示・助言を踏まえ，自ら問題意識を持ち定例的業務を確実に行うことができる。	
BASIC級	学生，就職希望者，内定者，入社して間もない方	仕事を行ううえで前提となる基本的知識を基に仕事の全体像が把握でき，職場での円滑なコミュニケーションを図ることができる。	基礎的知識

出所：中央職業能力開発協会のホームページ（2017.9.17）およびビジキャリパンフレット（2017.9）に基づき作成

（3）実施状況と導入事例

中央職業能力開発協会が上場企業を対象に実施した調査結果[16]によると，ビジネス・キャリア制度を2001年に活用していた企業は約22％，従業員1,000人以上の大企業では31.2％である。また，活用を検討中の企業は6.4％，今後活用を検討したい企業は29.0％で，6割弱の企業がビジネス・キャリア制度を活用

か検討中,または関心を示していた。

　これまでのビジネス・キャリア制度修了認定試験の実施状況を概観すると,第1回の1994年前期の受験者は2,390人で,その後次第に受験者は増加し,1997年前期には5,000人を超えた。2000年後期には1万人を突破したが,2002年前期の12,062人をピークに,それ以降は11,000人台で推移している。このようにビジネス・キャリア検定を導入している企業や受講者は,まだ十分とは言えず,日本のホワイトカラー資格として社会的評価の確立にはまだ時間がかかると考えられる。

　最近の結果をみると,2016年前期の受験者数は11,801人,2016年後期は12,206人であり,12,000人前後で推移しており,近年の状況からも受験者数はほぼ横ばいとなっている[17]。

　ここでビジネス・キャリア制度を早くから導入した2つの企業について,同制度の活用事例として取り上げる。まず1社目は三菱電機ビルテクノサービス株式会社[18]である。同社では,ビルの設備・機器やシステムなど幅広い分野で専門技術者を育成することを人材育成の最重要課題としている。リーダーの育成さらには社員の専門力を高めることを狙い全社教育を行う同社では,ビジネス・キャリア制度を集合教育の事前学習用ツールと位置づけているという。

　2社目は会津オリンパス株式会社で,内視鏡の製品設計,部品加工,組立までの一貫生産を行う企業である。同社では,人事制度と教育制度を新しいものとした際,キャリアアップに対する社員の自主性を重視し,求められる能力を能力開発ガイドラインに示した。この能力開発ガイドラインでは,達成すべきビジネス・キャリア制度の分野・部門・レベル・ユニットが細かく指定されている。そのため,将来,就きたい業務には,どのような専門知識や技能が必要であるか,それらがビジネス・キャリア制度とどのように結び付くかが明確にされたのである。

　2017年9月の中央職業能力開発協会ホームページではビジネス・キャリア検定（ビジキャリ）の活用事例が紹介されている。そこからは従来のビジネス・キャリア制度と共通する理由や成果が示されている[19]。

　ここでは7社の事例が紹介されているが,導入の理由としては従業員のビジネス基礎知識や専門知識を高める教育研修や自己啓発の制度として,また事務

系職務をカバーする公的資格検定であることがあげられる。とりわけロジスティクス分野では他の資格・検定がなく，ビジキャリ（ビジネス・キャリア検定の略称）の独自性が発揮されている。さらに実施後には主体性やモチベーションの向上など付帯的な効果も指摘されている。

（4）理論モデルと仮説

　本書において，公的資格とホワイトカラーの職務能力や評価との関係について，ビジネス・キャリア検定を含めて調査分析を行うため，図表2－8のような理論モデルを当てはめてみる。これはシャイン（Schein, 1978）のHRPDの基本モデルと経時的発達モデル[20]に基づくもので，個人の学習と企業の取組み（経営方針，教育制度など）が公的資格の取得という調和過程により，個人の能力開発や組織での昇進・昇格という結果に結び付くことを表している。公的資格の取得は経時的発達モデルの調和課程の一部として，能力の判定の1つと位置づけられる。ここでは公的資格の理論モデルにより，特に重要と考えられる点につき，以下のような仮説を立て，それらの論証をヒアリング調査等により行うこととする。

- 仮説1　公的資格の取得はホワイトカラーの能力開発につながる。
- 仮説2　公的資格の取得はホワイトカラーの昇進・昇格につながる。

図表2-8 公的資格の理論モデル

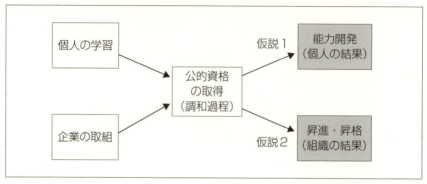

出所：Schein（1978）のHRPDモデルに基づき，筆者が作成

4 ビジネス・キャリア制度の導入理由

(1) ヒアリング調査

　2002年10～11月，首都圏の情報システム企業4社（A社，B社，C社，D社）の人事教育担当マネジャーに対し，ビジネス・キャリア制度の活用についてのヒアリング調査を実施した[21]。情報システム企業を調査対象にしたのは，情報システム業界では，初期のビジネス・キャリア検定であるビジネス・キャリア制度が比較的よく浸透していること，活用状況や成果を評価するためには，導入後数年以上経過した企業を調査する必要があるためである。全受験者の所属企業は把握できないものの，過去数年間の企業一括申請から企業別受験申請者数で情報システム関連企業が上位を占めていることが判明[22]した。

　情報システム企業を調査対象とすることで，ビジネス・キャリア制度活用の現状や傾向，今後の課題などが明確になるだろう。調査対象の4社はいずれも社員の多くが同制度を受験している企業である。各企業でのビジネス・キャリア制度導入の理由や人材の育成・活用の状況についてのヒアリング結果の概要は，図表2-9のとおりである。この調査は古いものであるが，現在（2017.

第2章　日本のホワイトカラー資格

図表2－9　ヒアリング対象企業の概要

	A社	B社	C社	D社
主たる業務	システム構築コンサルティング，ソフトウェア開発	システム・インテグレーション，アウトソーシング	情報システム・ソリューション	ITソリューション，システムインテグレーション
従業員数	約900人	約3,000人	約800人	約2,500人
売上高	約100億円	約1,200億円	約200億円	約600億円
資本金	約2億円	約8億円	約3億円	約10億円
ビジネス・キャリア制度の必要性	管理部門での資格は少なく，現状はビジネス・キャリア制度が中心	エンジニアと違い，スタッフ対象の資格がなく，ビジネス・キャリア制度は数少ない資格	スタッフの資格は社会保険労務士，中小企業診断士など少ない	スタッフにはビジネス・キャリア制度のニーズがある
ビジネス・キャリア制度の活用	ホワイトカラーの資格対象	昇格のためのポイント算出の対象	昇格の条件	スタッフはほぼ全員ビジネス・キャリア制度を受験

出所：ヒアリング情報およびホームページなどの公開情報に基づき，筆者が作成

9）の事例からも同様な結果がみられる。

(2) ヒアリング結果

　調査対象の4社では，人材育成や評価において情報処理関連の資格が使われていた。ヒアリングでA社では「管理部門の人を評価するもの（資格）は少なく，現状ではビジネス・キャリア制度が中心となる」，「社労士（社会保険労務士）試験なども（評価の対象に）入っているが，現実的なものではない」とのコメントがなされた。

　またB社では「SE（システムエンジニア）との比較があり，（事務系）スタッフを対象にする試験はなかなかなく，ビジネス・キャリア制度は数少ない資格である」とし，C社でも「（事務系）スタッフにとっての資格は社労士，中小企業診断士など少ない」と同様の指摘がなされた。D社においても「技術

(系スタッフ）には（国家試験）検定を取るよう言っているので，（事務系）スタッフには，（検定として）ビジネス・キャリアのニーズがあった」と同制度の必要性が述べられた。

　技術系人材には情報処理検定など関連する多くの資格があり，それらが企業の昇進・昇格要件の一部になっている。一方，事務系人材を対象とする資格は少ないため，ビジネス・キャリア制度が，数少ない資格として求められている。中途採用も多く，流動化が進んでいる技術系人材では，外部の公的資格が能力開発や職務評価などに活用され，事務系人材については技術系資格とバランスをとるために，公的資格であるビジネス・キャリア制度が導入されていることが判明した。

　このように企業として，技術系と事務系人材の間で，育成や評価の一貫性を保つ動きがうかがえる。今後，企業では専門人材や多様な人材が増え，流動化が高まることを考えると，このような公的資格の導入理由が判明したことは1つの成果と思われる。これらの結果は，2017年現在の活用状況からビジネス・キャリア検定についても同様なことがうかがえる。

（3）職務能力評価としての活用

　これらの調査対象企業ではビジネス・キャリア制度は評価や昇進・昇格など人事システムの一部として用いられている。A社では「ビジネス・キャリア制度をホワイトカラーの資格として取り入れている」と指摘がなされた。B社では「昇格にあたって，ポイント制度があり，ビジネス・キャリアはそのポイントの対象となっている」，またC社では「ビジネス・キャリアはレベル的に適当で，当社では昇格の条件である」といった指摘があった。

　D社では「当社ではスタッフ（事務系人材）はほぼ全員（ビジネス・キャリア制度を）受けている」とのコメントがあり，同制度がよく浸透していることがうかがえる。ビジネス・キャリア制度が人事評価につながると，昇格のため，業務命令として受講させられる場合もあるようだ。このようにビジネス・キャリア制度の先駆的な導入企業では，同制度が能力開発のための学習支援や学習を動機づけるインセンティブの仕組みとしてだけでなく，昇進・昇格にもつながる職務評価に活用されていることが確認できた。

（4）大手企業における公的資格

　ビジネス・キャリア制度を積極的に導入している企業には情報システム関連の企業が目立つが，その多くは大手企業グループの企業である。ヒアリング調査の対象となった3社は，そのようなグループ傘下の企業であった。

　ビジネス・キャリア制度を積極的に導入している企業には大手企業グループの傘下企業が多いが，グループの中核企業（以下，大手企業）は同制度の受験申請数の上位企業に現れていない。このことから，大手企業自体はビジネス・キャリア制度をあまり導入していないことが予想される。しかし，社会的影響力の大きい大手企業でのビジネス・キャリア制度をはじめとする公的資格の評価や活用状況を把握することは重要である。そのため，2004年6～8月，フォロー調査として，情報システム関連の大手企業3社の人事教育担当マネジャーにヒアリングを行った[23]。

　フォロー調査対象の大手企業3社はいずれも業界を代表する企業で，本社単独で数万人の社員を擁する。巨大組織だけに，人事部は統括機能を担当し，人材育成は各部門（カンパニー）に任されている。各社とも社内でOJTをベースにした長期的な人材育成を重視している。以下，ヒアリングの結果を，①公的資格の位置づけ，②ビジネス・キャリア制度の現状，③ビジネス・キャリア制度未導入の理由，の3点について示している。

① 公的資格の位置づけ

　X社には，従業員の技量や業務知識を確認するための社内認定制度がある。Y社のいくつかのカンパニーでは，公的資格（例えばSE資格）が受注活動に直結するため，そのような職務関連の資格取得は必須であり，それ以外の資格取得は自己啓発という位置づけとなっている。またZ社のプロフェッショナル制度にはグループ企業を含めた，横断的なコミュニティ活動があり，専門性の向上が図られている。3社とも従業員数は多く，職種も多様化しており，部門ごとで人材育成が行われている。技術系の業務に関連する資格取得が推奨されている点も，3社に共通である。

② ビジネス・キャリア制度の状況

　X社では全社的にはビジネス・キャリア制度は導入されていないが，人事，営業など一部の部門で同制度が活用されている。Y社ではビジネス・キャリア制度は初歩段階の資格と位置づけられており，受験は若手が中心で，申込みや受験は個人で行われている。Z社ではビジネス・キャリア制度の導入は未決定であるが，ほかにホワイトカラーの資格が少なく，現状ではビジネス・キャリア制度の活用は難しいということであった。

　このように，大手企業ではビジネス・キャリア制度は積極的に導入されておらず，一部の部門にとどまっていた。また，主に若手・中堅ホワイトカラーの知識確認に適しているとみられていた。たとえ，知識が中級レベルに相当していても，実際の職務遂行には知識以外の要素も多く含まれるため，初歩段階の資格と位置づけられていることも考えられる。

③ ビジネス・キャリア制度未導入の理由

　X社では，資格や評価制度は自社で独自に作成し，ビジネス・キャリア制度のような公的な資格をそのまま活用することはないとのことであったが，X社の関係会社では公的資格が活用されていた。Y社では，ビジネス・キャリア制度が全社的に導入されない理由は，業種が多様で難しいこと，長い歴史で培われた独自のシステム・視点があるため，とのことであった。Z社では，ビジネス・キャリア制度に対して，資格としての需要はまだあまりないこと，が指摘されていた。

　これらの指摘から，ビジネス・キャリア制度が導入されない理由をまとめたい。第1の理由は，大手企業ではビジネスがきわめて広範囲で多様であり，全社一律での導入が難しいことである。第2は，伝統のある大企業には人材育成や人事評価に長い歴史があり，外部から公的な資格や汎用性のある制度を導入する必要性が低いことである。そのように考える背景には，企業独自の価値観や組織文化が影響していると思われる。

　調査対象企業に限らず，大手企業はビジネス・キャリア制度を全社または大規模に導入していないだけに，ここで見出された未導入の理由は注目に値する。これらの指摘は，職務能力の公的資格や専門性を考える上での重要な示唆にな

ると考えられる。

5 公的な職務能力評価制度

(1) 理論モデルの検証

　これまでビジネス・キャリア制度についてのヒアリング調査等を通して，公的資格の取得と能力開発や昇進・昇格との関係を検討してきた。その結果，仮説1の「公的資格の取得はホワイトカラーの能力開発につながる」について，ビジネス・キャリア制度をはじめ公的資格は知識確認など能力開発になるとの指摘が多かった。個人も企業もまず能力開発を目的として資格取得をしていることも確認され，肯定できる結果を得たと思われる。

　次に仮説2の「公的資格の取得はホワイトカラーの昇進・昇格につながる」については，ビジネス・キャリア制度の調査では，資格の取得が昇進・昇格に密接に関係する事例もみられた。しかし，対象となる業界と公的資格は限定的であり，肯定の場合でも多くの条件付きとなっていた。したがって，仮説2については肯定できる結果には至らないと考えられる。

　理論モデルを考えると，企業の取組みが公的資格の取得をどう位置づけるかによって，教育施策（能力開発）にとどまるか，人事施策（昇進・昇格）となるかが大きく影響するようである。企業の取組みが積極的になるにつれ，公的資格は次第に教育システムから人事施策システムとしての意味合いが強くなる傾向がみられるが，そうならない事例もある。各企業はバランスの良い公的資格の位置づけを探り，適切に活用することが求められる。

(2) ホワイトカラー公的資格のあり方

　ビジネス・キャリア制度のようなホワイトカラーの公的資格には，社会的に通用する職務評価を確立し，職務能力の学習支援や評価の信頼性を高めることが求められる。その役割を通じて，個人と組織のより良い職業・職務の実現に貢献することが公的資格の社会的使命となる。しかし，こうしたホワイトカ

ラー向けの公的資格の構築は始まったばかりであり，社会的に浸透し，その役割を徐々に果たしていくことが今後の課題である。これは，2017年現在でもまだ同じ状況にあると言えよう。

今野・下田 (1995) も，ビジネス・キャリア制度のようなホワイトカラー向けの資格が必要なことを認めながらも，ホワイトカラーには「部長，課長のようなファジーな資格が望まれる」と論じている。またビジネス・キャリア制度についても，業界団体あるいは主体的に企業や関連部署が作り上げることが望まれると指摘している[24]。

これらの指摘は確かにあるべき姿を示すもので，理想的であるものの，今回の調査結果からは，そうした実現性はあまり期待できないと思われる。ファジーなホワイトカラーの資格となると，能力をどのように評価するか，またどれほど有効な資格とできるのかが難しいと思われる。また業界団体やホワイトカラーの組織に任せると，果たしていつ公的資格は実現するのだろうか。官公庁や関連団体などの機関がある程度お膳立てし，業界の協力を得ながら実現させるビジネス・キャリア制度（検定）のような設置の仕方は，初期段階にある日本のホワイトカラー資格には現実的な取組みと思われる。

6　おわりに

ホワイトカラーの職務を直接対象にした公的資格の必要性は高まっているが，その前提として汎用性があり，納得性の高い職務標準が問われている。体系化された知識に特化して知識確認をすることは1つの方法であるが，公的資格が有効に活用されるためには，行動特性，暗黙知などの実践的な要素を加味することが必要となるだろう。また，事例の活用や職務遂行の知識・能力のさらなる体系化も求められる。ビジネス・キャリア制度（検定）が社会的な認知を得るためには，ホワイトカラー職務の確立が必要となるものの，その準備にはまだ時間がかかりそうである。

本調査研究から，公的資格は個人の能力開発の目標となるばかりでなく，企業の職務能力評価にも活用されていることが明らかになった。しかし，調査対

象が情報関連の企業に限られるため，一般の企業での現状や課題を明確にするためには，さらに幅広い業種を対象とした調査が必要となろう。今後，ビジネス・キャリア検定のみならず，ビジネス能力検定，ビジネスマネジャー検定，ITスキル評価標準など代表的ホワイトカラー資格を対象に，その効果や評価について，多くの企業を対象に実態を把握することが求められる。そうした情報も考慮した上で，公的資格のあり方を検討していきたい。

　企業も個人も公的資格の活用においては，その意義と限界を再認識する必要があるだろう。企業は独自のコア能力や文化を大切にしつつも，職務の共通点を認識し，職業・職務の社会基盤形成に参画することが望まれる。個人は，社会的に認定された公的資格をキャリアに組み入れることで，目標を明確にし，計画的に職務能力を高めることが可能となる。このように公的資格により，多くの働く人の能力評価・育成の基盤を構築することで，ホワイトカラーの職務能力が向上し，日本の競争力強化につながることが期待される。

注

1　野中・紺野（1999）pp.104-107. 暗黙知は部分的に形式知化され，多くは暗黙知として残る。
2　藤村（1997）pp.136-137. 企業が求めている能力と資格で証明される能力は一致していない。
3　産能大学人材開発システム事業部（1997）による，公的資格の企業における評価，活用について，社員500人以上の企業等を対象に実施したアンケート調査，585社から回答を得ている。1989～1999年は産能大学の名称が使われた。1988年まで，また2000年以降の名称は，産業能率大学である。
4　労働政策研究・研修機構は，2014年1～2月にかけて，アンケート調査「企業における資格・検定等の活用，大学院・大学等の受講支援に関する調査」を実施した。調査は9,976社を調査対象とし，1,475社から有効な回答を得た（有効回答率：14.8％）。
5　稲山（2000）pp.114-115. Katz. R.L.（1955）のコンセプチュアル・スキルを中心に，Katzの基本的な3つのマネジメント・スキルを説明している。
6　谷内（2001）pp.53-55. McClelland（1977）が達成欲求の研究からコンピテンシーを生み出したこと，コンピテンシーは高業績者の行動特性であること等を説明している。
7　社会経済生産性本部（2002）pp.66-89.『ビジネス・キャリア制度個人活用マニュアル』を作成するにあたり，2002年3月の修了認定試験合格者162名へ行った実態調査による。
8　4に示した同調査において，社外の仕事に関する資格・検定を，今後より積極的に活用

していきたいと考えているかとたずねたところ,「考えている」と答えた企業は65.3％,「考えていない」と答えた企業は32.4％であった。社外の仕事に関する資格・検定を,今後より積極的に活用していきたいと考えている企業・963社にその理由をたずねたところ,「専門性に対する従業員の意欲を高めることができる」と答えた企業が69.8％で最も多く,以下,「従業員の仕事上の能力を客観的に評価できる」(60.2％),「社外に対し従業員の職業能力をアピールできる」(34.2％),「従業員の教育訓練がやりやすくなる」(28.7％)と続いた。

9 労働力調査によると,ホワイトカラーに該当する「専門的・技術的職業」「管理的職業」「事務」従事者の比率は1960年18.3％,1980年28.6％,2000年36.4％,2016年38.9％と大幅に増えている。同時期の販売従事者比率は13.4％,14.4％,14.1％,13.2％と横ばい,製造等の作業従事者比率は28.8％,29.9％,24.5％,21.6％と微減している。

10 技能検定は2017年4月現在,111職種について実施され,2016年度は75万人以上が受検し,約30万人の合格者を出している。また,2016年度までに632万人を超える累計合格者を出している。

11 1994年に「ビジネス・キャリア制度」が創設(厚生労働省後援,中央職業能力開発協会)され,2007年に「ビジネス・キャリア検定」に改定された。1998年に「ビジネス実務法務検定試験」(東京商工会議所)が創設された。1995年に「ビジネス能力検定＝B検」(文部科学省後援,職業教育・キャリア教育財団)が創設され,2013年から「ビジネス能力検定ジョブパス」と改定された。また2015年からビジネスマネジャー検定試験(東京商工会議所)が創設され,受験が開始された。同検定は,2年目となる2016年度には,相当規模の受験者(11,397人)合格者(4,685人)を有している。

12 諸外国における職業能力評価制度の比較調査,研究―イギリス―(労働政策研究・研修機構,2002),『職業能力評価制度に関する調査報告書』(2009.3,野村総合研究所),諸外国における能力評価制度―英・仏・独・米・中・韓・EUに関する調査(労働政策研究・研修機構,2012)による。

13 イギリスのNVQについては,厚生労働省職業能力開発局『キャリア形成の現状と支援政策の展開』pp.41-42,稲川(2003)pp.24-27などによる。

14 アメリカの全国技能基準システムについては,厚生労働省職業能力開発局『キャリア形成の現状と支援政策の展開』pp.41-42,諸外国における能力評価制度―英・仏・独・米・中・韓・EUに関する調査(労働政策研究・研修機構,2012)による。

15 中央職業能力開発協会『ビジネス・キャリア』Vol.12(2001)p.6を参照。同誌の「人事・労務担当者が本音で語るわが社の能力開発プログラム」と題する座談会報告において,あるマネジャーは「自社だけで通用するものならともかく,汎用性のある知識体系の構築は困難を極める」と語っている。

16 中央職業能力開発協会『ビジネス・キャリア制度活用状況調査結果概要』(2001)p.3を参照。

17 中央職業能力開発協会（JAVADA）ホームページにおけるビジネス・キャリア検定試験の実施結果より．http://www.javada.or.jp/jigyou/gino/business/shiken-kekka.html（2017.3.3）
18 中央職業能力開発協会「企業活用事例 三菱電機ビルテクノサービスの場合」『ビジネス・キャリア』Vol.13（2001）pp.12-15を参照。中央職業能力開発協会のホームページ（2005.2），ビジネス・キャリア制度の「企業活用事例1 会津オリンパス株式会社」（http://www.bc.javada.or.jp/example/index.html）を参照。
19 中央職業能力開発協会のホームページ，ビジネス・キャリア検定「活用事例・活用企業のご紹介」（http://www.javada.or.jp/jigyou/gino/business/jirei.html）を参照。(2017.9.17)
20 この公的資格の理論モデルは，Schein（1978）の「人間資源の計画と開発（HRPD）の基本モデルおよび経時的発達モデル」（二村・三善（1991）p.3，p.236）を参考にして作成された。本モデルでは，個人の学習と企業の取組みが，公的資格の取得という調和過程を経て，個人の能力開発や組織での昇進・昇格という結果につながることに着目している。HRPDの基本および経時的モデルにおいては，組織の人的資源計画と個人のキャリア計画は，相互作用（調和過程）を経て，「訓練と開発」，「昇進」，「組織における報酬」などの目的達成につながるものとされている。
21 ヒアリング調査は，ビジネス・キャリア制度導入の理由，活用状況についての質問に対する自由記述方式で，各1時間〜1時間半程度のインデプス・インタビューとして実施された。
22 中央職業能力開発協会能力評価部でのヒアリングおよび内部集計データによる。
23 フォロー調査は人材育成，資格，ビジネス・キャリア制度の3項目の質問を事前に送付し，自由既述で1時間半程度のヒアリングを実施した。内部情報を含むため，企業名は非公表とする。
24 今野・下田（1995）p.164では，ホワイトカラーが組織内仕事士として，新しい生き方を追求できる社会を作るには，彼らの職業能力を的確に評価し，表現する資格制度の整備が不可欠であるとしている。

第3章

営業職にみる専門性と資格

1　はじめに

　本章では，営業職の専門性と人材育成の現状と課題を明確にして，営業のプロフェッショナルと関連する資格検定を検討する。営業職やその専門性を概観し，国内にある日系と欧米系の自動車販売会社の営業職を対象とした事例研究を行う。なお，本書では企業に雇用され，個人顧客への商品販売に従事する従業員を営業職と定義する。

　顧客への販売を担当する営業部門は商社，銀行など非製造業はもとより，製造業でも生産部門とともに，中核となる部門である。多くの営業職が活躍している自動車販売業界には，自動車製造企業の系列や独立系の販売会社がある。市場との接点となる営業拠点は企業活動の最前線であり，そこで営業を担当する人材には，営業職のほかに，営業マン，セールスマン，カーライフアドバイザー等，いくつもの呼称がある。彼らこそ，顧客のニーズに応え，商品の販売を実現し，顧客と会社をつないでいる人材，企業活動を通じて価値増殖を実現する人材である。

　営業職は顧客との接点としてビジネス活動を担い，その成果は売上として，企業の業績となる。そのため，営業部門では有能な人材が集められ，とりわけ不況期などには，間接部門の人員が削減されるのと反対に強化される傾向がある。経営・ビジネス関係の専門誌においても，営業に焦点を当てた論文・記事（倉重，2004；松浦，2011ほか）は多く見受けられる。このように企業業績に直接貢献し，重視される営業職であるが，職務が非常に多様であり，また個々の業界，企業で職務の内容がかなり異なることもあり，論理的・体系的な経営学の研究対象となることは少なかった。

　本章では，国内の日本と米国の自動車企業2社（日系J社と米系U社）とその系列販売会社を対象に，自動車販売の営業職についてのヒアリング調査を行い，営業職務の専門性と人材育成について分析考察を試みる。また調査から時間が経過していることを考慮し，新たに日系とドイツ系自動車販売会社を対象にフォロー調査を行い，新たな考察を加味している。

営業職の現状や課題を考察するには，多くの業界で，また海外の実態も調査することが望ましいが，ここでは日本国内の自動車販売の営業職に絞り，調査検討を行いたい。そのような設定とした理由は，自動車産業は日本の全産業の約1割を占める重要産業であり，自動車販売に従事する営業職は全産業の中でも代表的な営業職であること，そして日本国内市場という同一環境下で，日本と欧米系企業による自動車販売を比較検討することで，営業職の特徴を明確にすることや国際経営の視点からも一定の意義が考えられるからである。

次の2で，まず営業職の現状を概観し代表的な営業職と自動車販売のあり方や課題を明確にする。続く3では，ビジネス・キャリア検定や販売士の資格から営業の職務内容を整理し，専門性を検討する。4では，日米自動車販売の営業職について実施したヒアリング調査や販売組織を示すとともに，営業職を理解する上で必要な米国の自動車販売について概観する。5と6ではヒアリング調査に基づき，営業職の知識・行動に現れる専門性とその育成について分析する。さらには日本と米国の販売や営業職にある差異について明確にする。7では営業プロフェッショナルのあり方やその実現性，条件について検討する。8では，営業職の専門性と育成にみる変化を確認するとともに，今後の課題やナレッジ・マネジメントなど新たな方向性を示唆し，全体のまとめとする。以上が本章の概要である。

2　日本企業の営業職

（1）営業職の現状

営業は事務と並び，最も一般的な職務（総務省，2015）の1つであり[1]，「営業」職種の募集は求人情報誌等に頻繁に見られる。商店での販売や法人営業，卸売，部品の購買等を含めると，営業の範囲はさらに広がる。一般に営業とは「営利を目的とした事業を営むこと，また営利を追求して同種の行為を反復継続する活動」（松村，1990）であり，ビジネス活動そのものを意味する。さらに営業については，「顧客を創造し，保持するためのコミュニケーション活動

である」(江尻, 1988) や「営業活動は特定顧客を対象とした, 人的接触による取引の実施活動である」(田村, 1999) といった定義もみられる.

営業に近い用語には「販売」と「セールス」があり, 販売は「商品を売ること」, セールスは「販売, 特に外交販売. セールスパーソンの略」とされ,「営業」は「販売」よりも広い意味を持つ. 学術研究においては, 営業部門が販売活動を行うとして, 営業の中に販売が重要な一部として含まれると位置づけられている (木下・佐藤, 2016).

「営業職」とは, 販売を担当する人の意味としても使われ, その場合は販売職やセールス職と同様な意味となる. 販売管理では, セールスパーソンは「継続して売上高を直接実現する人」と定義され, ①市場の開発・開拓と維持に関する機能, ②情報を伝達する機能, ③顧客の購買を援助する機能, ④サービスに関する機能, ⑤売買を完成させる機能という5つの機能が必要とされている (廣田, 1985)[2].

営業とはビジネス活動そのものであり, その活動に直接携わる「営業職」は企業に必須で重要な人材であることは間違いない. しかし, 商品, 顧客, 販売方法, 組織など営業に関連する要素はきわめて多岐にわたり, さらに各企業の独自性もあり, 営業の体系化, 一般化は困難とされてきた. 広い意味を持つ営業職だが, 本論文では個人顧客に商品を販売する営業職に焦点を当てている. 顧客との接点であり, 商品の販売とそれに付帯する価格, 納期, 仕様などについて, 交渉, 調整, 決定していく営業職を対象とする.

営業職は一般職に比べて長期雇用や年功制といった日本的雇用の要素が少なく, 転職や中途入社が比較的多いという特徴がある. その理由として, 営業職は他の事務系ホワイトカラーの職務に比較して業務内容が明確であることや, 販売実績に連動した給与体系の存在があげられる. とりわけ顧客対応が重視される高額商品の販売においては営業職の存在意義は大きく, 顧客からの信頼は企業の重要な競争力となる.

(2) 代表的な営業職

個人顧客に対する商品を販売する際, 店舗や訪問での対面が重視される商品には, 主に自動車, 住宅・不動産, 生命保険, 化粧品, 金融商品等が考えられ

る。これらの商品では、その機能、品質やアフターサービスなど多くの情報提供が求められ、営業活動の重要性が高い。具体的には、自動車や住宅販売の営業マン、生命保険の外交員、化粧品の美容部員等が営業職としてあげられる[3]。本書では「自動車の営業職」「生命保険の外交員」「化粧品の美容部員」を日本の代表的な営業職として取り上げたい。それら3つの営業職の特徴は、図表3－1に比較されるとおりである[4]。

　自動車の「営業職」は当初より男性がほとんどであり、その姿は典型的なセールスマンとみられてきた。そのため「セールスマン」や「営業マン」といった呼称が一般的であったが、現在では女性の進出や男女雇用機会均等法から「〜マン」という名称は正式には使われなくなっている。

　さらに、バブル崩壊後の1990年代後期からは、自動車は訪問販売から店頭販売が主になるなど、販売形態に変化がみられる。そのため、営業職は従来以上に専門的で多様な情報を活用し、アドバイザーやコンサルタントといった役割を果たし、顧客満足を高めることが重視されている。自動車購入までには、商品と仕様の決定、価格交渉等のプロセスがあり、購入後も点検修理、車検などで販売店との関係は継続されるため、営業職と顧客の長期的な信頼関係が重要となる。

　生命保険の「外交員」も代表的な営業職と考えられ、こちらは自動車と反対に女性が大多数であり、企業や自宅を訪問しての営業活動はよく知られる。こちらも近年では、情報通信技術の発展もあり、外資系保険会社を中心にネット販売が増えており、伝統的な訪問による営業形態から、急速な変化が起きている。

　化粧品の「美容部員」とは、デパートなどの化粧品ブースで顧客に対して商品の説明と試用（デモンストレーション）を行い、購入や使用のプレゼンテーションやアドバイスを通して販売につなげる営業職である。また戸別訪問を含めた販売活動を実施する場合もある。美容部員は、化粧品会社の販売部門を構成する重要な営業職である。また、美容部員を通して収集された情報は、顧客管理、販売方法や商品企画にも多大な影響を与えている。

　自動車、生命保険、化粧品いずれの営業活動もグローバル化、IT化による変化を余儀なくされ、今後はコンサルティング力の強化や国際競争力の向上が

重要になると考えられる。

図表3-1　代表的営業職の概要

特徴＼営業職	自動車販売	生命保険販売	化粧品販売
伝統的な呼称	営業マン，営業職，セールス，セールスマン	外交員，セールスレディ	美容部員
新しい呼称	営業スタッフ　カーライフアドバイザー	営業担当	ビューティアドバイザー　ビューティカウンセラー
販売商品	自動車	生命保険	化粧品
関連商品	自動車保険，車検，整備，修理，カーナビ，部品等	傷害保険，個人年金，金融商品等	健康食品，医薬品等
活動場所	訪問（顧客の自宅，勤務先），営業所ショールーム	訪問（顧客の自宅，勤務先），企業など	デパート，化粧品店，展示場，顧客宅など
顧客層	勤労者（主に世帯主）中高年男性，女性，若者	勤労者（安定収入層）若者，新婚世帯など	主に成人女性　中高生から高齢層まで
推定人数	約13万人（2002）→　約9万人（2015）	約40万人（2000）→　約23万人（2016）	約4万人（2002）→　約2.5万人（2016）
代表的企業	トヨタ，ホンダ，日産，マツダ，スズキ，スバル，フォルクスワーゲン，メルセデスベンツなど	日本生命，第一生命，住友生命，アクサ生命，アフラックなど	資生堂，花王，コーセー，ポーラ，富士フイルム，ロレアル，P&Gなど
近年の課題	営業スタッフの確保と育成，営業能力の向上，営業変化への対応	営業変化への対応，外資系の攻勢，新商品開発	高級・低価格の二極分化，医薬品，エステ，海外商品との競争激化

出所：自動車販売協会連合会，生命保険協会のホームページ，および筆者の調査による

（3）自動車販売の営業職

まずは自動車販売の営業職とそれを取り巻く自動車産業の背景，組織などを

概観する。日米の自動車生産と販売の現状（2016）をみると，生産は日本920万台，米国1,220万台，販売は日本497万台，米国1,787万台となり，米国と日本は中国に続き，世界の2，3位を占めている[5]。このように中国が自動車の生産・販売市場で世界一になったのは，2009年からであり，それまでの80年以上の自動車生産・販売は常に米国がリードしてきた。自動車発展の歴史は米国，欧州（ドイツ，フランス，イタリア，英国など），日本の自動車会社が構築してきたと言える。

　現在は国別の生産台数，販売台数では人口の多い中国が世界一になっているが，自動車メーカーのブランド別の集計などでは，ドイツ，日本，米国の自動車会社が世界トップにあることは変わらない。ビッグ3と称されてきたGM，フォード，クライスラー（現ダイムラー・クライスラー）と日本のトヨタ，ホンダ，日産などの自動車会社は日米を代表する製造企業の座を保持してきた。そうした企業は，経営戦略，商品，生産性，技術，環境などに注目を集め，経営学研究の対象となっている。

　日本での自動車（新車）販売はフランチャイズ契約を結んだ販売会社によって行われ，その多くは地元資本による中小規模の企業である。日本での新車販売は，都道府県ごとに独占的な販売契約を結んだ販売会社によるが，これはGMのフランチャイズ方式をトヨタが導入してから広まったものである。米国の販売会社はその数およそ2万と日本の10倍とされ，その多くは小規模な独立系ディーラーであるという（下川・岩澤，2000）。

　自動車産業は，製造会社であるメーカーを中心として，関連部品メーカー，販売会社などから成り立っている。メーカーは自動車の設計，生産，販売をグローバル規模で展開し，販売関連ではマーケティング戦略や販売会社の経営サポートなどを行う。自動車メーカーのトップや企業戦略が注目されることは多いが，マーケティングなど販売戦略においては，販売会社との連係が重要である。それだけに市場との接点である販売会社，そして営業職を対象とする研究の意義は少なくない。

　国内での自動車販売会社は，契約メーカーの自動車を地域で独占販売するため，商品や広告はメーカーのものと統一されている。それだけに各地域の販売会社は，トヨタ，ホンダ，日産といったメーカーと同じ企業とみられることが

多い。しかし，販売会社の多くは独立した企業であり，各地域でのユーザー志向，環境，母体となる企業も異なるため，すべての経営施策が統一されているわけではない。

例えば，営業職に相当する職務名も，同系列の販売会社で厳密に統一されているとは言えない。ヒアリングをした販売会社や関連販売会社ホームページの記載を見ると，トヨタ，ホンダ，マツダでは「営業スタッフ」，日産，スバル，フォルクスワーゲンでは「営業」が多く用いられている。日産では正式な営業職名称として「カーライフアドバイザー（CA）」があり，トヨタの高級車ブランドのレクサスでは「セールスコンサルタント」が用いられている。ほかにも営業マンやセールスなどの呼称があるが，営業または営業職，営業スタッフの意味は基本的に同じである。またトヨタ系の販売会社などでは，「営業」以外に「店頭営業」という職種での採用も行っている[6]。

店頭営業での採用がある場合は，店頭（ショールーム）での販売活動を重視し，セールスコンサルタントやカーライフアドバイザーでの採用は新たな提案型の営業を志向するなど，販売や営業職に対する考え方が職務名称にも現れていると考えられる。

3　営業職の資格と専門性

(1) ビジネス・キャリア制度にみる営業職

ここでは一般的な営業の職務内容について，資格から検討してみたい。ホワイトカラーの職務能力および習熟度を評価する公的な資格である「ビジネス・キャリア制度」には営業に関連するマスター試験（上級）の分野として「営業マネジメント部門」（現在のビジネス・キャリア検定では，営業・マーケティング分野）がある。その内容は図表3－2に示されるように，①営業戦略の立案，②マーケティング基礎，③営業管理・営業体制，④営業知識の活用，⑤営業技術の活用，⑥卸・小売業のマーケティングの理解という6項目に分けられる。

第3章　営業職にみる専門性と資格

　営業マネジメントという名称が示すように，計画策定や目標達成など営業部門としての課題や部下指導などマネジャーとしての要素がみられる。経験を積んだ営業職は販売活動とともにマネジメントの役割も生じ，マネジメント知識

図表3-2　ビジネス・キャリア制度の営業マネジメント部門

大項目	項　目	内　容
(1) 営業戦略の立案	・経営戦略，マーケティング戦略 ・営業戦略の理解	経営戦略論，マーケティング戦略論 自社の営業戦略の立案
(2) マーケティング基礎	・マーケティングリサーチの活用 ・製品政策の理解 ・価格政策の理解 ・プロモーションの活用	市場調査，市場分析，業界動向，商圏調査，立地分析 製品差別化・製品ラインの理解 価格制度，製品ライフサイクルと価格，価格決定要因 広告，パブリシティ，人的販売の機能と役割
(3) 営業管理・営業体制	・顧客管理（CRM） ・営業活動の管理 ・営業計数管理 ・ITの活用	顧客管理の概要，顧客情報の分析，顧客管理の進め方 営業活動管理の内容，訪問計画，商談プロセスの管理 マーケット，訪問活動，営業生産性の計数管理 営業プロセスの見直し，再構築，強化のためのIT活用
(4) 営業知識の活用	・営業の法律知識の理解 ・商品・市場・競合知識の理解	法に基づいた公正な営業活動の実施 売買契約，代金回収，販売促進に関する法律知識 自社商品と競合商品の特徴と差別化，市場占有率の知識
(5) 営業技術の活用	・営業活動の技術の活用 ・新規開拓と深耕開拓	営業パーソンシップ，商談技術，営業話法，アフターセールス技術 新規開拓の進め方，営業手法，提案型営業，販売援助
(6) 卸・小売業のマーケティングの理解	・小売業マーケティングの理解 ・店舗立地と商圏の理解	店舗販売，無店舗販売の動向，販売形態を理解し，営業計画を立案。業態革新など理解し，戦略の方向性を提案 顧客，立地，商圏の調査分析の方法を理解，戦略の企画

出所：ビジネス・キャリア制度資料から作成

も必要となるためである。ビジネス・キャリア制度の営業マネジメント部門では，営業戦略，製品・価格政策，顧客管理，商品・市場の理解，営業活動の技術，新規開拓，店舗立地・商圏の理解などが営業の職務に関連する部分である。

2008年度からは，ビジネス・キャリア検定の営業・マーケティング部門となり，1級では，営業とマーケティング両方が試験範囲となり，2級と3級では，営業とマーケティングがそれぞれ独立した試験となっている。3級では営業管理基礎と営業法務基礎に大別され，営業パーソンの認識や消費者保護が加わり，2級では営業管理，営業実務と営業法務に大別され，部下の育成が加わる[7]。このように，それぞれの内容は各級で求められる職務に即して再編されている。

（2）販売士資格にみる営業職

小売業に従事する人の販売業務に関する専門的技術や知識の程度を審査する「販売士」も営業職に関連する資格である。「販売士」とは，小売業に従事する人の販売業務に関する専門的技術や知識の程度を審査することを目的として，1973年（昭和48年）に誕生した資格制度であり，2002年度から同制度の名称は従来の「小売商検定試験」から「販売士検定試験」に変更されている[8]。

図表3-3のとおり，販売士には1級，2級，3級の3段階があり，経済産業省と中小企業庁の後援により，日本商工会議所と全国商工会連合会が試験制度を運営している。販売士の基本となる1級では，経営常識，販売技術，販売

図表3-3　販売士の概要

項目＼級	1級（入門）	2級（中級）	3級（上級）
想定される対象層	小売業の一般販売員	売場主任，部課長クラス	大規模小売店の店長，中小小売業の経営者
内容	販売員としての基本的な知識と技術を身につけ，販売業務を遂行できる。	専門的知識に加え，管理業務を遂行し，部下を指導する。	小売業経営の高度な専門知識を身につけ，経営計画を立案，総合的な管理を遂行する。

出所：日本商工会議所「販売士」ホームページ資料（2003）により作成

事務管理，商品知識，接客マナーの5科目が試験科目であり，ここに営業職に共通な要素が抽出されている。販売士試験の中では経営管理，販売営業管理，商品知識，営業活動（営業行動・営業技術）などが営業職の専門性となると考えられる。

なお，販売士の資格は2015年度より，試験の名称を含めた改定が行われ，検定試験の名称も「リテールマーケティング（販売士）検定試験」と変更された[9]。また受験の機会を増やすことで，より受験しやすい制度にしたという。資格名称は「販売士」のままであるが，検定試験の名称を変更することで，修得できる知識や実務能力をより的確に表し，販売士を社会的により広く浸透させることを目指したとされる。

新しい販売士の各級の概要を見ると，店舗での販売という限られたイメージを払拭し，マーケティングを主体にし，受験者層を広げていることがうかがえる。

図表3-4　新販売士（2015）の概要

項目＼級	3級（入門）	2級（中級）	1級（上級）
程度・能力	マーケティングの基本的な考え方や流通・小売業で必要な基礎知識・技能を理解している。	マーケティング，マーチャンダイジングをはじめとする流通・小売業における高度な専門知識を身につけている。	経営に関するきわめて高度な知識を身につけ，商品計画からマーケティング，経営計画の立案や財務予測等の経営管理について適切な判断ができる。
人物像	販売員としての基本的な知識と技術を身につけ，販売業務を遂行できる。	販売促進の企画・実行をリードし，店舗・売場を包括的にマネジメントする人材を目指す。幹部・管理職への昇進条件として活用しているところもある。	マーケティングの責任者やコンサルタントとして戦略的に企業経営に関わる人材を目指す。

出所：日本商工会議所「販売士」ホームページ資料（2017）により作成

(3) 営業職の専門性

　ビジネス・キャリア制度や販売士の資格から営業職務に求められるものの共通点を見出すことができる。そこでの専門性とは，①営業マネジメント，②営業関連知識，③営業活動技術の3点に集約することができる。「営業マネジメント」とは，経営および営業戦略や管理に関する知識や能力である。経営とマーケティング管理そして営業管理を理解することで，企業やそれを取り巻く環境の動きや方向性を把握し，より有効な営業活動に結び付けられる。

　「営業関連知識」とは，商品，市場，価格，計数，法規などマーケティングや営業活動に関わるさまざまな知識である。これは営業職に必要な知識に該当するもので，営業の専門性と考えられる。営業に必要な知識は商品の多様化，競争の激化などから相当に増えており，すべての知識を習得することは難しい。したがって，いかに知識を整理し，活用できるかが重要になってくる。知識を整理し，必要に応じて活用するためには，他の知識を持つ営業職や関連部署と協力し連係するという組織的な知識の利用が求められ，ナレッジ・マネジメントの実践が考えられる。

　「営業活動技術」とは，営業マネジメント，営業関連知識を理解した上で，どのようにしたら適切な行動がとれるかという技術・技法である。これは営業活動において，顧客と良好な関係を築くための面談や話法に関連するものである。基本的なあいさつや接客から，コンサルティングや提案営業に至るまで，営業活動には適切な行動とコミュニケーションが求められる。この技術は知識とその理解を基本として，実践と動作という行動が実際には重要となる。

4　自動車販売営業職の仕事

(1) ヒアリング調査の概要

　自動車企業でのヒアリング調査から，日本での自動車販売の営業職の職務とそこでの専門性を明らかにしたい。2003年7～9月にかけて国産（以下，日

第3章　営業職にみる専門性と資格

系）自動車会社J社，およびJ社系の販売会社2社（J1社，J2社），2004年3～4月に米国系（以下，米系）自動車会社の日本法人U社，およびU社系の販売会社2社（U1社，U2社）から各社1名，計6名のマネジャーの協力を得て，組織の概要，営業職の職務，人材育成についてのヒアリング調査を実施した[10]。調査企業やヒアリング事項は図表3−5に，日系J社と米系U社のメーカーと販売会社の組織はそれぞれ図表3−6，図表3−7に示したとおりである。ヒアリング調査対象の本社販売管理部門のマネジャー，販売店長（販売マネジャー）は営業職または営業管理・支援の職務を経験しており，営業職の専門性やその育成について話を聞くには適任であると思われる。

　この調査からは，だいぶ時間が経過しており，米系自動車販売会社などでは該当企業の形態も変化している。しかし，ここで示された状況は事実として，現在そして今後の営業職を考察する上で有効と考えるため，そのまま掲載している。

　また，本調査後の環境や社会変化も考慮し，2016年5月に，日系とドイツ系の販売会社を対象にフォロー調査を行った。この調査では営業職の仕事（専門性）と育成に絞って情報を収集し，その結果を考察に加味している。

図表3−5　ヒアリング調査の概要

調査企業 （所在地）	日系J社，J社系自動車販売会社 J1社，J2社 （東京都，神奈川県）	米系U社，U社系自動車販売会社U1社，U2社 （東京都，埼玉県）
実施時期	2003年7〜9月	2004年3〜5月
目　的	自動車販売営業職の内容（特に専門性，人材育成について）を明らかにする	
ヒアリング対象	本社販売管理部門のマネジャー 販売会社の店長	統括会社販売管理部門のマネジャー 販売会社の店長
ヒアリング事項および特徴	販売店の組織，営業の1日，営業の職務と課題，営業の難しさと矛盾，営業職の広がり，情報システム，営業の資格，営業職の育成，新しい販売形態	販売店の組織，販促施策，ブランド戦略，商品ラインの課題，営業の職務，中古車ビジネス，顧客管理カード，営業職の育成，店長のメモ

出所：ヒアリングに基づき作成

図表3-6　日系J社　自動車会社と自動車販売会社の関係・組織図

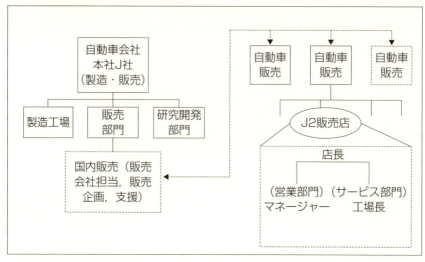

出所：筆者の作成による

図表3-7　米系U社　自動車会社と自動車販売会社の関係・組織図

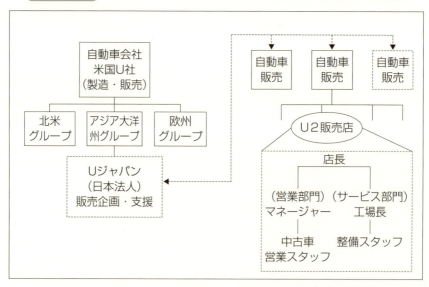

出所：筆者の作成による

（2）日米自動車販売の特徴

　日系J社，米系U社販売会社のヒアリング結果を検討するにあたり，日米の自動車販売の背景や状況を考慮しておく必要があろう。既述のとおり，日本の自動車販売は米国のフランチャイズ方式を模して発展してきたが，自動車販売が日本型，米国型，欧州型（下川・岩澤，2000）と区別されるように，歴史的な経緯，社会環境，法規制等から相当な違いが生じている。

　各県に１つの販売会社でスタートした日本の自動車販売会社は平均15～20の拠点を持ち，欧米の販売会社に比較し，大規模な組織となっている。日本型の特徴は，メーカー依存が強く，販売会社の参入退出は例外的で，訪問販売が多いこととされてきた。また競争が厳しく値引きが恒常的なため，新車販売利益が少なく，販売会社の経営はリベートやインセンティブなどのメーカーの支援に依存する収益構造がある。

　一方で，独立性の強いフランチャイズディーラーだが，参入退出が多いのが

図表３－８　日米自動車販売会社（ディーラー）の比較

項　目	日　本	米　国
経営規模	米国の３～８倍	一法人あたりの規模は小さい
経営戦略	長期的利益追求志向 メーカーのマーケティング政策の浸透	短期的利益追求 販売流通の効率性，景気変動や市場環境の変化に対する柔軟性
メーカーとの関係	長期安定的，退出は例外	相対的に流動性は高い 退出率約５～20％
販売形態	訪問販売から店頭販売へ変化	店頭販売
業　務	顧客に対するきめ細かいパッケージサービス（保険，事故処理等も含む）	下取り，ローン，メンテナンス
賃　金	固定給の比率高い コミッションは小さい メカニック（サービス）は固定給	セールスは完全にコミッション メカニックは固定給とコミッション

出所：下川（1987），塩知・キーリー（1994）に基づき筆者作成

アメリカ型の特徴とされる。群雄割拠で非常に小さなディーラーがおよそ10～20マイルごとに点在している。メガディーラー（大規模販売会社）やモール（複合店舗集積）への変化など新しい動きもあるが，統合は難しいとされる。訪問販売が禁止される地域もあり，米国型では店頭販売，それも在庫販売が中心となっている。

　今回の調査は日本国内の自動車販売についてであるが，米系自動車販売会社も含まれるため，米国型ディーラーの特徴も考慮しておく必要があろう。先行研究を参考にした自動車販売会社の日米比較については，図表３－８に示されるとおりである。

（3）販売会社の組織と営業職

　日系J社，米系U社販売会社のヒアリングから，自動車販売の営業職には真摯な態度，コミュニケーションをはじめとする能力や知識など多くのものが求められていることが判明した。営業職は会社とお客の代理人という，双方の顔を使い分けなければならない難しい仕事であると指摘された。また営業がうまくいく人は商品に詳しいか，誠実であるか，交渉力がある人である。顧客の気を引き，成功する営業職のタイプは1つではなく，多様な要素が評価されている。

　日本における自動車販売会社は，日系と米系の販売会社で規模の違いはあるが，ほぼ同様の組織構造を有している。図表３－６，図表３－７に示されるように，本社または日本法人の販売管理部門，全国の販売会社，販売店という3層構造は共通である。また本社・日本法人と販売会社とは別の会社であり，販売会社（販売店）の経営には独自性が強い。

　前述のとおり，本調査からだいぶ時間が経過していることもあり，2016年5月，日系とドイツ系の自動車販売会社を対象にフォロー調査を行った。2016年には先の調査で対象とした米系自動車販売会社は日本市場から撤退し，日本で外車と言えば，ほぼ欧州系，特にドイツの自動車メーカーの車に限られる状況であるため，ドイツ系販売会社を対象としている。2004年当時と同じ調査を行い，その経過等をみるものではなく，フォローとしての参考情報の収集を行った。

その結果，日系販売会社では販売会社の組織と営業職の仕事内容は同様のままであった。しかし，その中で，訪問販売は激減ないし廃止されるといった変化がみられた。またドイツ系の販売会社の調査によれば，ドイツ車はモデル周期が長く，中古車価格が保持されるという特徴があり，長期視点での販売や顧客サービスを重視しているとのことであった。ドイツでの自動車販売の特徴が日本でどれほど反映されているか不明であるが，ドイツ系販売会社の営業職は米国系より日系に近いと思われる。

5　自動車販売営業職の専門性

（1）営業職の知識と行動

　営業職の専門性と関連する労働環境，知識，スキル，活動について，日系販売会社の事例を中心に記述する。まず営業職には知識はもちろん必要だが，そのベースになるのは，まじめに粘り強くお客様に対応する行動であるという。営業行動を確実に実行し，信頼を得てはじめて，知識や技術が効果を発揮するからである。営業職の労働時間は，訪問販売を行うため顧客に合わせて長くなりがちである。また，顧客に，購入の選択・決定権を握られている立場なので，精神的にも肉体的にも労働環境は厳しいものである。

　営業職に必要な知識は，自社と競合他社の商品知識，自動車関連のアクセサリー，法令，税制，保険，電子部品など際限がない。現在では車種やバリエーションが増え，取り扱う保険は複雑に，カーナビ，オーディオ，エアコンなどのオプションは多様化している。営業職に重要と指摘されたスキルは，顧客の思っていることを理解する能力，傾聴能力であるという。これは状況理解を背景に，顧客の行動，態度，言葉から，本音を探る力であり，経験，感性，意欲など営業職の総合能力が集約されるものである。

　営業職の1日は朝礼に始まる。車検や修理の車を届け，預かるため，顧客を訪問し，昼間の活動を終える。夕方，帰社してから電話でフォローし，必要な日誌や顧客カードを記入する。最後に店長へ報告し，帰宅する。このような自

動車販売の営業職の仕事はここ数十年間，ほとんど変わっていないという。販売方法，流通や情報システムを改善するには，販売店独自にはできず，メーカーとの関係を見直す必要があろう。

また，2016年5月に実施したフォロー調査においても，上記の環境，知識，行動にはほとんど変化はなかった。週日（月～金，内1日は休業日）は顧客対応に追われ，週末（土日）は販売フェアなどが開催され，店舗営業を行っている。

(2) 日米の自動車販売と営業職

次に，日米の自動車販売および営業職にみられる差異について概観したい。日本国内における日米自動車の販売台数や販売拠点数の量的な違いは大きいが，販売店組織，営業職の内容や専門性の質的な比較であれば，両者を検討することも可能と思われる[11]。

日本の自動車メーカーより早く，国際分業やグローバル・マーケティングなど国際経営を確立してきた米系メーカーの戦略や施策が傘下の在日販売会社に活かされていれば，日本の自動車販売の新たな改善方向が示唆されるかもしれない。ただし，既述のように米国のディーラー（販売会社）は社会環境や法的規制から大きな影響を受け発展してきた歴史があり，近年になり日本に整備された米系自動車販売会社と直接結び付けることは現実的ではない。ヒアリングにより明らかになった，日米自動車販売の特徴を経営，組織，販売，人材についてまとめてみたい。

日本企業（J社，J社系販売会社）は本国での販売だけに，本社の部門・階層や販売会社・販売店数が多いこと，営業の職務の複雑さが指摘されていた。日系J1社とJ2社では販売会社・販売店の外観，内部の様子などが統一されていた。社名や取扱いモデルの表記はもちろん，垂れ幕，展示車，キャンペーンなども統一的な展開がなされていることがうかがえる。

ヒアリングでは，顧客管理など情報システムの利用において，本社の情報化推進と販売店での浸透にはミスマッチがみられた。営業職務の合理化・組織化などの改善や教育・検定など職務の専門性・標準化には全体に関心が高く，本社主導での推進がうかがえる。これらの点はフォロー調査では明確に取り上げ

ていないが，情報化や組織化が思ったように進展していないことがうかがえた。そのこともあり，従来からの営業スタイルは大きく変わっていないとの印象を得た。

一方，米系企業（U社，U社系販売会社）では，取扱い車種や販売総量が少なく，組織も日本法人，販売会社，販売店という日本企業と同様の組織構造がみられるが，概ね簡素化されている。調査対象の首都圏には，販売会社傘下に複数の販売店があったが，地方では独立企業が1つの販売店で営業という形態も少なくないようだ。

米系販売会社ではブランドに強いこだわりが感じられ，オーナーズクラブ（顧客組織）を設立し，その活動を支援するなど，顧客の組織化が重視されていた。販売方法では，訪問販売を行わず，イベント会場での展示やショールームでの販売に重点を置くなど，日系販売会社との明らかな違いがみられた。米系U1社とU2社でもマーケティング戦略が異なるのか，展示車や店内のインテリアは異なっていた。このように各ディーラーに販売施策の展開を任せるのは，米国で独立色の強いディーラーを扱ってきたU社の影響があるものと思われる。

また米系U1社では中古車ビジネスが重視され，担当は1人でネット販売に従事し，全国からの注文を集め，高い成果をあげている。これは新車との事情の違いはあるが，情報システムやナレッジ・マネジメントを活かした新たな営業活動と考えられ，注目される点である。フォロー調査を行ったドイツ系自動車販売においても中古車が重要なビジネスとして認識されていたことは共通である。同社のモデルは車両価格が高額であるため，中古車販売の比率が高いことが特徴となっている。また女性の顧客が相対的に多いことから，女性営業職が日系自動車販売より多く，相当な販売成果を上げていることも特徴となっている。

（3）自動車販売にみる営業職の専門性

ヒアリング調査の結果を踏まえ，先に営業職の専門性とした，営業マネジメント，営業関連知識，営業活動技術の3つの枠組みから，自動車販売の営業職の専門性について検討してみたい。

営業マネジメントは，経営環境，自社の経営・マーケティング戦略を理解し，販売計画を策定し，その目標を実現していく能力である。具体的には，顧客訪問，ショールーム，展示販売ではどのような活動に力を注ぐか，どんな情報システムを構築し活用するかを決めることなどである。個々の顧客への的確な対応ができるように，情報や日程を管理し，販売店としての効果的な営業活動を実現できるかどうかは営業マネジメントにかかっている。

　営業関連知識としては，担当車種，アクセサリー，部品，車検や保険等の知識が該当する。また顧客に合わせて，どの知識を用いるかが重要となる。身につけるべき知識は日々更新されていくため，情報システムの活用，営業職務の体系化，営業組織の連係などで，常に改善が求められる。

　営業活動技術は，顧客からの信頼を構築するために重要な専門性である。顧客カード等から情報を適切にフォローし，顧客の問題点や要求を把握することで適切な行動をとることができる。顧客と良好な関係を築くことができるかどうかは，営業の総合力が試されると言えよう。

6　自動車販売にみる営業職の育成

（1）OJT中心の育成

　自動車販売の営業職育成の実際について，日本の自動車販売会社J1社・J2社での事例をみていきたい。J社には自動車販売研修講座として，初級営業職講座には，対応レベル確認，販売技術講義，営業活動講義，ロールプレイがある。中心となる営業研修は2泊3日で，一般的な座学・討議や発表ではなく，ひたすらやってみせ，やらせてみるという実践型の研修であるという。

第3章 営業職にみる専門性と資格

図表3－9 厚生労働省の認定社内検定（2004年）

認定社内検定 （営業関連の検定）	認定社内検定 （営業以外の検定）
イオン社内検定（販売） あさひ銀行渉外技能社内検定 NECカスタマックス販売技能社内検定 小松リフト物流システム営業技能検定 資生堂販売株式会社社内検定 トヨタ営業スタッフ技能検定 日産販売士社内検定 マツダ営業検定 マイカル食品販売社内検定	いすゞパーツマスター検定 イオン社内検定（加工） ニコン社内技能検定 新キャタピラー三菱社内技能検定 ダイハツ部品士社内検定 トヨタ産業車両サービス技能検定 日野部品士社内検定 日産部品士検定 三菱自動車パーツスタッフ社内検定

出所：厚生労働省認定社内検定のホームページ資料（2004）による

図表3－10 厚生労働省の認定社内検定（2016年）

認定社内検定 （営業関連の検定）	認定社内検定 （営業以外の検定）
資生堂技能検定 カネボウ化粧品社内検定 コーセーメイクレッスン検定 トヨタ営業スタッフ技能検定 日産販売士社内検定 （そごう・西武）フィッティングアドバイザー （そごう・西武）ギフトアドバイザー	いすゞパーツマスター検定 イオン社内検定 ニコン社内技能検定 キャタピラージャパン社内技能検定 ダイハツ部品士社内検定 トヨタ産業車両サービス技能検定 日野部品士社内検定 日産部品士検定 三菱自動車パーツスタッフ社内検定 日立オートモティブシステムズ社内技能検定 マツダ社内技能検定 小松リフト産業車両サービス技能検定 デンソー社内技能検定

出所：厚生労働省認定社内検定のホームページ資料（2016）による

営業職が一人前になるには一般に2～3年かかるが，その間の教育のほとんどは店長，マネジャー，先輩による現場でのOJTである。販売会社での営業職育成は店長，先輩からのOJTが主であることは日米の販売店に共通していた。

　図表3-10に示されるように，厚生労働省は一定の要件を満たす社内検定を認定社内検定としており，販売や営業系のものも含まれている[12]。これを最近の認定社内検定と比較してみると，技術系の社内検定では2004年と2016年でほぼ同様のものが継続されているが，営業系の社内検定ではその数が減少してきている。これは事務系・営業系の社内検定の必要性が低下しているか，社内検定の成果がうまく上がっていないのかもしれない。

　米系販売会社のU1社・U2社では，日本法人U社主催の営業職の基礎教育や新車の説明会が実施されているものの，販売現場でのOJTが重視されていた。また営業職の資格取得や関連した全国大会も行われているが，資格への関心はあまり高くないようである。またフォロー調査をしたドイツ系販売会社においても，営業職が一人前になるには一般には3～5年，早い人で2～3年かかるとの指摘がなされた。

（2）営業職育成の課題

　日系のJ1社では営業職に必要なこととして，まじめな人，うそをつかない人，月1回お客さんを訪問できる人ということが指摘された。これは社会人としての基本であり，一見やさしいと思える内容だが，多忙な中で守るのは難しいのかもしれない。商品や業務知識も必要とされるが，あくまで信頼が基盤であり，知識は後から習得できればとのことであった。

　自動車販売での営業職育成の課題を整理すると，①営業職を取り巻く職務環境の再認識，②営業職の職務マインドの再構築，③営業職の現場の価値を再評価，という3点があげられる。「営業職を取り巻く職務環境の再認識」では，営業の特殊性から遅れていた省力化・効率化の推進，それにより生じた時間の有効活用，職務の重点化が求められる。「営業職の職務マインドの再構築」では，営業プロフェッショナルとしての認識と営業プロフェッショナル育成のための目標の明確化が必要となる。「営業職の現場の価値を再評価」では，営業職の日々の行動すべてが市場での評価に直結することを認識し，彼らが力を発

揮できるような組織やシステムを構築すべきである。

　一般に営業教育に積極的な企業では，営業職が重視され，営業に共通する基礎教育が実施されるとともに，現場での実践が高く評価されている[13]。この3点を自動車販売に当てはめると，まず営業職はあまり重視されておらず，教育の体系化も進んでいない。また営業職の共通教育は本社や日本法人による教育が該当するが，これも不足している。現場での実践は販売店でのOJTに該当し，これは頻繁に行われ重視されている。以上から営業職の重視や教育の体系化，共通教育の実施は自動車販売の営業職においては十分とは言えず，今後の改善点と考えられる。

7　営業プロフェッショナル

（1）営業プロフェッショナルとは

　最後に自動車販売の営業職はプロフェッショナルという位置づけができるのか，また，そのような資格の存在価値はあるのか，実現の可能性やそのための条件を考えてみたい。まず「営業プロフェッショナル」は「営業職」とどう違うのかであるが，これは一般のホワイトカラーと組織内プロフェッショナル同様，営業職務についての主体性，専門性，中核人材という要件から考えることができる[14]。

　販売組織の中核人材と評価される営業職については，主体性もあると思われ，営業プロフェッショナルの専門性をどう捉えるかが重要となろう。自動車販売の営業職は個人向け高額営業であり，時間をかけても信頼を築き，個人の要望に十分に応えることが有効とされる。そこで求められる能力は，顧客のニーズを素早く理解し，商品を提案するコンサルティング能力とされる[15]。営業プロフェッショナルにとって，顧客との関係を育み，信頼を得る行動を実現する力こそが重要であり，営業マニュアルや知識はその基礎となる専門性であろう。

　これまでのヒアリング調査や分析を考慮すると，営業プロフェッショナルとは「営業の専門性である営業マネジメント，営業関連知識，営業活動技術を活

かし，顧客との優れたコミュニケーション，信頼関係を構築できる人材」と考えられる。これは企業の貴重な能力であり，高い市場価値を有するだけにプロフェッショナルとしての存在価値を持つ人材である。営業プロフェッショナルは提案営業，コンサルティング営業，カスタマーリレーションズ重視の営業を実現する人材でもあり，新しい営業職の目標となる人材像でもある。そのため，「営業プロフェッショナル」という資格の存在価値はあると言える。

（2）営業プロフェッショナルと資格

　国内の自動車販売は，訪問販売や値引き交渉などが主で，旧態依然としたビジネス活動とみられてきた。これまでに情報システム活用，組織的営業，成功事例共有，営業職資格など経営改善の施策が行われたが，営業の仕事を大きく転換させるものではなかった。今後は，顧客ニーズに合わせた営業の効率化，集中化，ショールーム営業など販売方法の転換，サービスとの一体化など営業力の向上が求められるため，経験，勘やコツだけの個人営業では対応できなくなることは明らかである。

　この点について，フォロー調査から，いわゆる飛び込み営業は廃止されていることがわかった。これは3社ほどの事例からの情報であり，多くの販売会社を対象にしたアンケート調査等の結果でなく，一般化はできないが，そうした傾向がうかがえる。しかし，サービスや車検，さらには見込客の訪問などで外出し，顧客先を回る時間は今でも多いとのことである。さらに，個人営業，特定の顧客を担当するのは特定の営業職であることも，ほとんど変わっていない。

　米系U社販売店長のヒアリングからは，ブランド重視，展示販売，オーナーズクラブ，インターネットによる中古車販売，飛び込み営業の否定など，日本では目新しい営業施策が示された。そこには米国で一般的な店頭販売や独自性の強い店舗作りからの影響がうかがえる。さらに近年の米国では，インターネットによる新車販売システム（例えばGMの"GM BuyPower"やフォードの"Ford Direct"など）が導入され話題となったが，U1社では中古車のネット販売で高い成果をあげるなど，日系販売会社より早い取組みがみられた。またドイツ系の販売会社では，3～4年のリース後，残金を支払い買い取るか，新車に乗り換えるかを選べる，新しい販売方法が増えているという。これは，

長期間にわたり高額で車両価格を保持できるドイツ車で特に浸透したシステムと考えられる。

　日本国内での販売台数や販売拠点数など環境は異なるが，米国での自動車販売施策を取り入れ，効果的な販売活動を試行している米系販売会社の活動には，新しい営業職へのヒントも含まれている。営業職の職務確立や評価・育成は一朝一夕には整備できないものの，その方向への模索は徐々に進んでいるようである。営業の職務にも競争力が問われ，顧客との関係を良好に維持し，業界や商品などの新情報を迅速に理解するなど，従来以上に専門性が問われることとなる。

　情報革命や流通イノベーションの波は確実に到来し，販売会社，メーカーを含めた販売活動，営業職の見直しが求められている。営業変革を通じて，営業職の専門性やその評価・育成に着目すると，営業プロフェッショナル，そしてそのための資格の存在意義も見出すことができよう。

8　おわりに

　国内の自動車販売では，在宅率の低下や都市化によるライフスタイルの変化もあり，伝統的な訪問販売から店頭販売に移行し，オンライン・ショッピングなどを含む情報化と合わせて，営業職のプロフェッショナル化につながる動きがある。米国ではディーラーの統合により，メガディーラー（大規模販売会社）や複合店舗としてのモールを誕生させているが，日本でも自動車販売会社の整理統合は徐々に進んでいるようである。

　生活を大きく変えていくインターネットだが，自動車では購入決定やその後の管理維持などもあり，ネット販売にすべて置き換わることは考えにくい。しかし，それでも営業活動が徐々に変化していく可能性は大きい。米系販売会社はショッピングセンターでの車両展示，バーベキューなどオーナーズクラブのイベント開催等，新たな営業活動を模索していたが，日系販売会社でもメーカーと連係したインターネット上のサイトを充実させるなど，営業職を取り巻く環境は変化している。また2016年のフォロー調査の結果から，日系企業では

訪問営業から店舗営業へのシフトなどの変化がみられた。また，米系ではなくドイツ系の販売会社への調査によるものであるが，外資系企業の特徴として，女性営業職の活躍や中古車の重視がみられた。

　従来のやり方では，今日の複雑な営業職務を迅速かつ的確に展開することは難しく，営業職の専門性を確立し，販売活動の組織化，情報化を図ることが必要になるだろう。営業職とその育成についてのヒアリング調査を通じて，職務の専門性や標準化への動きがみられた。それらは検定など職務評価試験にみるナレッジ抽出に，そして店頭販売や迅速化など営業変化に求められる職務の標準化や顕在化に現れていた。また，日本の販売会社で，営業の検定試験がかなり浸透していたことがヒアリングから判明し，営業プロフェッショナル実現の条件となる専門性の確立も進んでいることが確認できた。この専門性を公的に評価・認定する資格の意義もうかがえる。

　今回の調査では，営業職の専門性と人材育成の考察，およびプロフェッショナル化の検討を自動車販売の営業職を事例として行った。ただし，日米の自動車販売を対象にしたとはいえ，国内市場についてであり，ヒアリング数も限られている。米欧の自動車販売の営業職も考慮し，営業職の専門性をより深く研究することが今後の課題となろう。その結果，信頼の獲得，ナレッジ・マネジメント，コミュニケーション等の視点から分析を深め，営業職のプロフェッショナル化と育成についてもさらに考察したい。

注■

1　総務省統計局「労働力調査年報」(2015) によると，就業者総数6,376万人に占める職業別就業者数として，販売従事者は853万人である。これは事務従事者の1,256万人，専門的・技術的職業従事者の1,054万人，生産工程従事者の883万人に次いで多い。

2　廣田 (1985) pp.89-90.

3　労働省職業安定局編『職業ハンドブック』(1997) による。

4　自動車販売の営業職については自動車販売協会連合会のホームページの総従業員数 (http://www.jada.or.jp/contents/about/kibo.html) (2017.9.17)，生命保険販売の営業担当については，田中隆 (2009) p.3および生命保険協会のホームページの営業職員数 (http://www.seiho.or.jp/data/statistics/trend/pdf/29.pdf) (2017.9.25)，化粧品の美容部員については，白矢佳子 (2002) pp.41-49および日本経済新聞 (2017.9.15) を参考にして

第3章 営業職にみる専門性と資格

5 日本貿易振興機構『2016主要国の自動車生産・販売動向』(2017.7) https://www.jetro.go.jp/ext_images/_Reports/01/20170039.pdf (2017) および日刊自動車新聞社編『自動車産業ハンドブック』(2015) による。中国の生産台数は2,812万台,販売台数は2,803万台と,それぞれ世界一である。

6 いずれも各自動車販売会社のホームページまたはパンフレットに示されている採用情報による。中央職業能力開発協会『ビジネス・キャリア制度のすべて』(1994) による。

7 ビジネス・キャリア検定のホームページ試験分野・試験区分の項を参照。
(http://www.javada.or.jp/jigyou/gino/business/bunya.html) (2017.7.10)

8 日本商工会議所検定「販売士」ホームページ (http://www.kentei.ne.jp/hanbai/) (2003.4.10) による。

9 商工会議所の検定試験「販売士」ホームページ (https://www.kentei.ne.jp/retailsales) (2017.3.12) による。

10 日系自動車会社とはトヨタ,ホンダ,日産,マツダといった国産メーカーであり,販売会社は各地にある系列販売会社を意味する。また,米系自動車会社の日本法人とは,GM,フォード,ダイムラー・クライスラーなど米国自動車会社の日本法人 (GMジャパン,フォードジャパンなど多くはメーカーの100%出資会社) で,主に販売・マーケティング機能を持つ日本における支社としての存在である。系列自動車販売会社とは,その日本法人傘下にある販売会社である。ただし,全国を系列販売会社がカバーしているとは限らず,ヤナセのような外車販売会社や独立系販売代理店などもある (出所:自動車販売協会連合会,生命保険協会のホームページ,および筆者の調査による)。

11 日刊自動車新聞社・日本自動車会議所共編『自動車年鑑ハンドブック―2003〜04版―』(2003) pp.402-405によると,2002年の輸入車販売台数 (日本国内での輸入乗用車・新車) は約27万台で,1位はドイツ車約18万台,次いで米国車約2万台である。国内の乗用車販売 (除軽・新車) は約350万台で,輸入車のシェアは,8%弱にすぎない。

12 厚生労働省ホームページ (2004) に,厚生労働省の認定社内資格について記載されている。図表3-9に掲載のとおり,営業関連のものも相当みられる。これを最近の2016年4月の表と比較してみると,技術系の社内検定は2004年と2016年でほぼ同様なものが継続されているものの,営業系の社内検定は減少してきている。
(http://www2.mhlw.go.jp/topics/seido/nouryoku/kentei/970409.htm)
(http://www.mhlw.go.jp/stf/seisakunitsuite/bunya/koyou_roudou/shokugyounouryoku/ability_skill/syanai/index.html) (2017.3.6)

13 日立情報システムズのホームページ (http://www.hitachijoho.com/recruit/kyoiku.html),および富士通のホームページ (http://recruit.fujitsu.com/jp/environment/education/concern.html) から,採用＞働く環境＞教育制度＞営業教育の項を参照。いずれも営業教育の具体例が示されている。

14 宮下（2001）pp.56-57．によると，組織内プロフェッショナルは，職務に対する主体性と専門性を持ち，組織の中核として評価される人材として定義されている。
15 草原・中尾（2000）pp.46-77．営業職を法人向け高額（100万円以上）営業，法人向け低額営業，個人向け高額営業，個人向け低額営業の4つのカテゴリーに分け，それぞれに求められる能力・スキルが示されている。外車から保険など，同じカテゴリーであれば，異業種でも営業職の転職は成功すると指摘している。

第4章

外資系企業にみる職務の専門性

1 はじめに

　本章では、今後の日本企業に求められる職務の専門性や職務能力を、日本に進出している外資系企業と日本企業の職務に必要とされる知識や専門性の比較考察を通して、明らかにしたい。製造業をはじめ多くの日本企業は、その国際ビジネスのあり方を輸出中心から海外現地生産にシフトさせたことで、国際化が加速し、日本企業の国際経営は進展してきた（花田，1987；石田，1999；宮下，2013）。

　一方、世界中でビジネスを展開する欧米多国籍企業の日本拠点である在日外資系企業は、何らかの形で欧米にある本社の経営スタイルからの影響を受けていると考えられる。そのため、先駆的な経営が行われるなど、マネジメントや職務遂行には注目すべき点が少なくない。欧米本社のグローバルな経営戦略と日本でのローカルな事業展開を併せ持つ在日外資系企業は、日本企業にとっては国際化や経営のあり方を示唆する存在と考えられる（根本，1988；吉原ほか，1990；鳥居ほか，2004）。

　専門組織や専門資格があるように、欧米社会では日本と比較して職務の専門性が確立し重視されてきた。本章ではこの点を仮説として取り上げ、実証的に検討したい。研究の基礎となるのは、国際的な自動車ビジネスを展開している日本の大手自動車企業と在日米国系自動車企業（米系日本法人）の中間管理職に対するインタビュー調査である。

　この調査は、20年近く前のものであるが、いわゆる製造大企業における日本と欧米の仕事、採用、評価などの考え方は、現在も大きく変わっていない（例えば新卒採用、集団志向、キャリアなど）と考えられる。また、日米自動車企業という製造・販売の一大ビジネスを対比したものであり、経営のみならず、日米の文化、社会、人材、組織などの特徴がよく表れている。そのため、この調査結果をそのまま掲載している。職務に求められる知識・能力、専門性の必要な部門と人材育成に関する調査結果に基づき、外資系企業と日本企業にみられる、経営や職務遂行における差異や異なる背景を明らかにし、国際競争力を

高める人材マネジメントを明確にしたい。

　本章では，②では組織と人事管理の分野を中心として外資系企業に関する先行研究を概観する。続く③では，中心となった調査の概要と回答者の特徴を示し，それらを受けた④で経営環境と専門性，専門性の必要な部門とその理由など職務の専門性に関する論点を取り上げる。⑤では専門性を発揮する条件や職務遂行に重要なものを考察し，職務の専門性の内容を明確にする。⑥で能力開発は専門性や主体性を重視する人材開発へ転換すべきことやキャリアに応じた専門性を論じ，⑦で全体の総括と提言を示し，まとめとする。

　本章における外資系企業と日本企業の職務に求められる専門性の比較考察を行うという研究目的を達成するため，次のような仮説を設定した。

仮説　米系日本法人においては，日本企業より専門性が重視されている。

　この仮説を検証するために，調査の枠組みから適切な質問を導き，その結果を分析検討していくこととする。

２　外資系企業の研究について

　根本（1988）によると，日本の外資系企業研究の系譜は，1950年代の先駆的研究，1965年以降の第1次研究ブーム，1985年以降の第2次研究ブームになるという。外資系企業の先駆的研究成果の中に，当時の通産省による外資導入の紹介や手引きがある。第1次研究ブームの時期に入り，外資系企業の本格的な研究が始まり，その経営の特質，人事管理の特徴，合弁形態など多岐にわたる研究成果（小林，1967；山崎・竹田，1976；バロン，1978）が明らかにされた。また有力な外資系企業の人事管理についての報告（横山，1969；亀岡，1983）もみられ，国際的かつ先駆的という外資系企業の一般的なイメージ形成につながった。

　第2次研究ブームの時期になると，日本企業の海外進出も活発になり，日本的経営の特質や外資系企業や合弁企業を論じる海外の研究成果も増えてきた（Zimmerman, 1985；Abegglen & Stalk, 1985；Christopher, 1986）。また，日

本企業の成功から,日本型の経営や人事管理が注目を集めた (Peters & Waterman, 1982 ; Tung, 1984)。

日本企業の国際経営に関する研究も,海外進出における経営管理(花田,1987;吉原・林・安室,1988;青木・小池・中谷,1989;佐久間,1993;Rosenzweig, 1994;石田,1999;Pil & MacDuffie, 1999)や国際化対応の組織や戦略(吉原,1989;高橋,1991;石田,1985),異文化マネジメント(竹内・石倉,1994)など多様な成果が示されるようになった。またデータ分析に基づき,日本企業の国際化を分析し,国際化した企業の生産性が高いことや国際化の阻害要因なども明らかにされている(若杉・戸堂,2010)。

在日外資系企業に関する研究は,進出企業のマネジメントや事業に焦点を当てたもの(吉原・和田ほか,1990;桶田,1988;牧野,1995)が多くみられるが,それらは人事管理を主とした研究成果(根本,1988)に限られている。一方,海外駐在員の問題については海外での研究も蓄積され,日本企業もしばしば比較対象にあげられている (Edstrom & Galbraith, 1977 ; Pucik, 1982 ; Tung, 1982/1998 ; Pucik et al., 1989 ; Beamish & Inkpen, 1998 ; Harzing, 2001)。

1990年代以降は,在日外資系企業の研究は少なくなるが,日本に進出している外資系企業を対象に,その規模,業種,経営戦略などを調査したもの(鳥居ら,2004)や外資系企業の進出がもたらす国内企業の生産性への影響を実証分析し,長期的な経済成長への貢献の可能性を示唆したもの(伊藤,2011)などがみられる。

さらに,在日外資系企業に勤務経験を持つ日本人実務家からは,経営・人事管理・職務にある特色が論じられ,専門性やキャリアについても具体的な指摘がなされている(八城,1992;得平,1998;植松,1999;林,2000;藤岡,2012)。これらは外資系企業からみた日本企業への提言として有益なものと考えられる。

3　日本企業と外資系企業の比較

　調査は1997年6〜11月に日本の自動車企業2社，米国自動車企業の日本法人2社の中間管理職31名を対象に実施した（図表4−1）。仮説を検証するために，職務の専門性に対する認識や環境変化，必要な経験や知識，職務能力の育成などについてのインタビューに，同時に実施した調査票（図表4−2）での

図表4−1　回答者の基礎情報

回答者情報	米系日本法人	日本企業本社	差異の理由・背景
対象人数	9名	22名	企業規模・該当部門
所属部門(人数)	人事（3），国内営業（4），経理（3） （3部門）	人事（2），国内営業（3），経理（3），法規（2），情報システム（2），教育（2），海外財務（2），海外営業（2），技術（2），デザイン（2） （10部門）	企業規模，業務目的による設置部門の違い
役　職	マネジャー・課長	課長・主査	人事制度の違い
平均年齢 (最頻値,中央値) 標準偏差（SD）	39.3歳 (38, 38) 2.74	42.3歳 (42, 42) 2.98	企業規模・階層・人事制度の違い
平均勤続年数 (最頻値,中央値) 標準偏差（SD）	4.0年 (2, 2) 3.97	19.6年 (24, 20) 3.25	設立時期・採用方法の違い
平均部下人数 (最頻値,中央値) 標準偏差（SD）	3.6人 (0, 3) 3.68	8.1人 (10, 7.5) 5.81	規模・組織・階層の違い
学歴（人数）	大（5）・大院（4）	高（1），高専（1），大（19），大院（1）	人事・採用の違い

出所：筆者の調査による

評価結果を加味した分析を行う。現在（2017.9）米国自動車企業の日本法人はすでに撤退しているが，米国企業の経営や文化を探ることができるものと考え，当時の結果をそのまま掲載する。

日本企業が外資系企業と異なる部分やその理由は，国際競争力を高める日本企業の課題の明確化やグローバル戦略や組織，人材マネジメントにつながるものと考えられる。次節から経営環境の変化と専門性，専門性が必要な部門，職務の専門性，職務遂行に必要な知識，職務能力の育成という各論点について調査結果を検討していく。なお，調査対象企業については「日本企業本社」「米系日本法人」との表記を用いる。

図表4－2 調査質問票（自由記入の部分）

1．現在の職務について
　　現在の職務を遂行するために，とくに重要なものは何でしょうか（自由記入）

2．職務の専門性について
　(1)　職務の専門性が特に必要と思われる企業部門・部署をマルで囲んでください（いくつでも）
　　総務，法規，企画，人事，教育，経理，海外財務，国内営業，海外営業，広報，国際，宣伝，情報システム，物流，購買，サービス，製品開発，研究，設計，生産技術，生産管理，製造，デザイン，その他（　　　　　　　　）

　(2)　次の経営環境の変化は，職務の専門性を高める要因として，どれほど該当するでしょうか（それぞれ5段階スケールでの評価）
　　経営の国際化，情報化の進展，職務の国際標準化，職務の高度複雑化，職務の外部委託化，意思決定の迅速化，組織規模の拡大，個人欲求の多様化，個の尊重，キャリア志向，その他

　(3)　職務の専門性を発揮するのに，とくに重要なものは何でしょうか（自由記入）

3．職務能力の育成について
　　職務能力の育成・向上に，とくに重要なものは何でしょうか（自由記入）

出所：筆者の調査より，本稿に関する部分

4 職務の専門性を考える

(1) 経営環境と専門性

まず専門性に対する現状認識を明らかにするため,どのような経営環境の変化が職務の専門性を高める要因となるかをみていきたい。図表4-3のように,専門性を高める経営環境の変化として多く指摘されたものは「経営の国際化」「職務の高度複雑化」「キャリア志向」「情報化の進展」である。これらは専門性が必要となった理由として一般的なものであろう。

図表4-3 専門性を高める経営環境の変化

米系日本法人		日本企業本社	
職務の高度複雑化	(8.4)	経営の国際化	(8.6)
経営の国際化	(8.2)	キャリア志向	(8.4)
・	・	職務の高度複雑化	(8.2)
キャリア志向	(7.8)	情報化の進展	(8.1)
情報化の進展	(7.6)	・	・
職務の国際標準化	(7.4)	職務の国際標準化	(7.7)
・	・	個の尊重	(7.3)
・	・	意思決定迅速化	(7.1)
・	・	欲求多様化	(6.7)
・	・	規模拡大	(6.5)
個の尊重,意思決定迅速化	(5.8)	外部委託化	(6.2)
欲求多様化,外部委託化	(5.8)		
規模拡大	(5.6)		

出所:筆者の調査による(数字は5段階評価ポイントの2社平均点合計)

米系日本法人では「職務の高度複雑化」と「経営の国際化」の指摘が多かったが,これは米国本社のグローバル経営による影響が表れたものと思われる。日本企業本社のほうが全般に評点が高く,専門性を高める経営環境の変化を強

く認識している。とりわけ「キャリア志向」や「個の尊重」など個人やキャリアに関する環境変化による専門性の評価が高くなった。これまで専門性に対する認識が低かった日本企業では，個人やキャリアに関する急速な意識の変化が専門性に結び付いたものと考えられる。

（2）専門性が必要な部門

　職務の専門性が特に必要な部門として多く指摘されていたのは，図表4－4のように法規，経理，情報システムなどであった。技術系の研究，設計，生産技術やデザインなどの部門では予想どおり，専門性が必要と評価されたが，専門性が明確に確立されていない事務系部門の結果は注目し得るものである。専門性を必要とした理由には，①職務遂行で一人前になるのに時間がかかる，②社外で通用する，③他部門から容易に人の交替ができない，という3点が指摘された。

　日本企業本社で専門性が特に必要であると過半数の回答者が指摘した部門は，法規，経理，情報システム，海外財務の4部門にとどまったが，米系日本法人では，それらに人事，サービス，物流，宣伝，教育部門が加わり，9部門に達した。このように多くの事務系部門で専門性が必要と評価されたことは，外資系企業での専門性に対する高い認識の表れと考えられる。米系日本法人でのインタビュー結果から，職務の専門性を高く評価する理由として，専門性がビジネス上の価値につながると考えていることが指摘された。

　また，営業部門は質問票の評点（0.2～0.4）は高くなかったが，インタビューでは自部門の専門性を強調していた。さらに，あらゆる部門・職務にも専門性が存在するとの指摘もあり，専門性の意味や捉え方など，より質的な検討が必要となろう。

（3）専門性が必要な理由

　日本企業本社・米系日本法人ともに，海外駐在など国際ビジネスの経験者は職務の専門性を重視していることがインタビューから判明した。そうした海外駐在経験者は海外で専門性が必要になる理由として，①海外では責任者として広い範囲の職務を任されること，②専門領域のスペシャリストである外国人の

第4章 外資系企業にみる職務の専門性

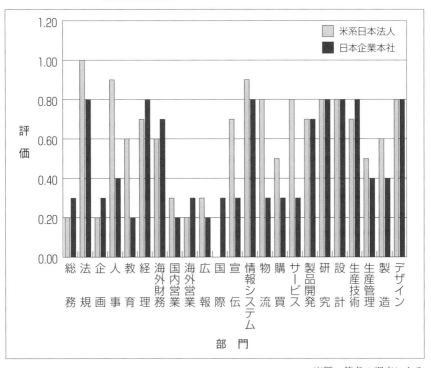

図表4-4 専門性が必要とされた部門

出所：筆者の調査による

部下を持つこと、③海外での交渉相手はプロである（ここでは専門性が高いとの意味）こと、の3点があげられた。いずれも、納得のできる理由であり、的確な指摘と思われる。

　調査対象の米系日本法人では、担当職務の明確さ、スペシャリストの中途採用、米国方式の提出書式、公式言語としての英語などに日本企業本社との違いがみられた。また中間管理職は実務の中心という意識が強く、専門性が重視されていた。外資系企業では職種別採用や職務給などプロフェッショナル志向の強い人事システムが発達しており、明らかに日本企業に比較して、専門性が必要と認識されている。

　一方、日本企業本社では、これまで事務系ホワイトカラーの職務にはほとん

ど専門性が求められなかったが，欧米での職務経験や職務の高度複雑化から，これを高めるべきとの問題意識がうかがえる。ただし，専門性を高めるために職務を特定することが必須とは考えられていない。経理や法規など専門性が高いとされる部門においても，業務は他部門から依頼されるので，他部門を含む幅広い職務の理解が重視されるためである。関連部門の職務を理解していることは，日本企業の強みと言える特徴であり，専門性を考える際に留意されるべき点であろう。

5 専門性と職務遂行のために

(1) 専門性発揮に重要なもの

　続いて職務の専門性を発揮するために重要なものについて，インタビューと質問票の記述を整理したのが図表4-5である。その内容には環境，職務，組織，制度，能力など多様なものがあげられた。

　それらをニューマンとローボトム（Newman and Rowbottom, 1968）による職務と遂行者の要素と，エリオット（Elliott, 1972）による職務と組織の要素を参考にして，組織，人事管理，個人の3項目に分類した。それぞれ「組織」には職務領域や分担，責任，権限，意思決定，裁量，リーダーシップが，「人事管理」には評価，報酬，キャリア，教育，「個人」には知識，キャリア，問題認識，コミュニケーション能力，交渉力などが該当する。

　日米企業の双方で専門性を認める組織風土や人事制度の重要性が指摘された。日本企業本社では特に職務や権限の明確化が必要とされ，専門性のための人事制度はまだ整備されていないようである。

　組織の問題としては，米系日本法人営業部門のインタビューで「個人商店を開いているような自由裁量がある」とのコメントがあったように，自由裁量や自律性の重要さが指摘された。一方，日本企業本社では組織・指揮命令の明確化や権限委譲の必要性が強調された。これらは，日本企業では職務の範囲があいまいで，外資系企業ではそれが明確であるといった，これまでの主張を裏付

図表4-5 職務の専門性発揮に重要なもの

分　類	米系日本法人	日本企業本社
組　織	・個人商店のような自由裁量 ・自律性の確保 ・組織風土と人事評価両面からの専門性重視 ・経営者・上司が社員の意見，考え方を聞き尊重する習慣	・組織・指揮命令系統の明確化 ・適正レベルの権限委譲 ・「専門職」を高く評価する組織・制度 ・個の尊重 ・多様性を認め合う自由な風土と組織運営 ・外部との接触機会獲得
人事管理	・専門性に対応するよう整備した評価システム ・進んだ専門職制度 ・日本企業と異なる評価制度	・人事評価制度 ・雇用の流動化 ・専門性の評価 ・スペシャリストとゼネラリストの区別 ・キャリア・パスの個人別適正化
個　人	・専門分野の能力，ビジネスの十分な把握 ・特定職務の経験，自ら職務を遂行する実務能力 ・人間関係でなく，管理サイクルによるマネジメントを行う能力	・知識，現場感覚 ・職務期間・経験年数 ・社会と職務への興味 ・コミュニケーション能力 ・プレゼンテーション能力 ・他人との違いを魅力とする考え方

出所：Newman and Rowbottom（1968），Elliott（1972）を参考に，調査結果により作成

けるものである[1]。

　人事管理の問題としては，日米企業ともに人事評価制度の整備が重要と指摘されたが，専門性への対応が進んだ外資系企業と，今後，専門性を活かそうとする日本企業との違いが表れている。日本企業の人事管理も能力主義や成果主義へと変化しているが，外資系企業ほどは徹底したものとは言えず，実態にはかなりの差異があると思われる[2]。

　知識，キャリア，問題認識等が含まれる個人の問題について，米系日本法人では専門分野の能力，ビジネスの理解と経験が重視されている。「人間関係でなく，管理サイクルによる，真のマネジメント能力が重要となる」とコメント

されたように，マネジメント能力を仕事の中心に捉えている。一方，日本企業では職務知識やコミュニケーション能力の重要性が指摘された。これらの結果から，日本企業にとっては，チームワークやコミュニケーションの良さを活かしつつ，外資系企業にある自律性や責任をどのように活用するか考えることが重要であろう。

（2）職務遂行に重要なもの

前項では，専門性を発揮するために重要なものを組織，人事管理，個人について考察したが，ここでは職務遂行に重要なものは何かをたずね，専門性の内容を考察したい。職務遂行に重要なものとしてあげられたものを，図表4-6に示すとおり，エリオット（Elliott, 1972）の職務と組織の要素を参考に，「知識」「タスク・意思決定」「権限・役割」「キャリア・教育」という4つに分類した。

「知識」は，政治経済など広範な一般知識と特定分野の技術や業界情報といった専門知識であり，「タスク・意思決定」は職務（問題）とその意思決定に関する内容として，問題の認識や判断力などが含まれる。

「権限・役割」とは組織の中で自由に決定できる立場にあるかどうか，また交渉や折衝力などである。「キャリア・教育」とは知識や能力を育成するための経験や学習，また個人の属性も広く含まれている。

日本企業本社では職務を遂行するために重要なものとして，一般常識，政治経済から，業界，税制，技術の特定知識までが幅広くあげられた。専門知識は，状況理解，問題認識の基盤であり，そこから情報収集，理解，交渉力が必要になってくる。柔軟な対処や対人関係も職務遂行には重要であるとされ，組織内で調整し，実行する総合力が求められている。

米系日本法人では，英語やパソコン操作などのより実践的な知識が重視され，日本企業本社のような管理職務に必要な能力の指摘は少ない。また，自動車企業での実務や英語力・経理財務に関するビジネススクールでの経験や資格もあげられた。これは外資系企業でのマネジャーは，部下の管理というより，実務を行う中心的な存在であり，プレイング・マネジャーであるとの指摘を裏付けるものである。

ここから，日本企業本社の中核人材は，より上級の管理職として位置づけられていると考えられるが，組織志向の日本企業本社と職務志向の米系日本法人の違いが表れたためと解することもできる。日本企業本社では，多くの管理職が情報共有など一体感の醸成に注力するが，職務に直結する能力や業績評価はあいまいであり，米系日本法人の実務重視は参考になる。

図表4－6 職務遂行に重要なもの

分　類	米系日本法人	日本企業本社
知　識	・英語 ・コンピュータ操作 ・人事管理（職務）知識 ・専門知識	・経済・社会・政治に関する知識 ・業界基礎知識 ・商品知識 ・技術・市場動向
タスク・ 意思決定	・職務順位 ・インタビュー能力 ・論理的思考能力	・情報収集力 ・企画構想・提案力 ・状況判断力 ・要因分析力 ・課題認識力 ・競争戦略立案能力
権限・役割	・人間関係能力 ・交渉力	・他部門との交渉・調整力 ・人間関係
キャリア・ 教育	・バランス感覚 ・自動車業界での経験 ・他社での同種業務における経験 ・センシティビティ ・判断 ・決断力	・理解力 ・バランス感覚 ・常識発想力 ・柔軟性 ・好奇心 ・体力 ・積極的に意思疎通 ・リーガルマインド

出所：Elliott（1972）を参考に，調査結果により作成

 インタビューで強調されていたのは，英語力とプレゼンテーション能力の重要性であった。外資系企業では，当然英語力が必要と思われるが，回答者である中間管理職となると，格段に高い水準が求められているようである。米系日本法人営業部門では「日本企業で英語を使う人とは（レベルが）違う。海外と

交渉する際，外国人（日本人）であるとのエクスキューズ（言い訳）はできない」ときわめて高い英語力の必要性を強調していた。もちろん，外資系企業で英語力が必須であることは，すでに論じられてきたとおりである[3]。

また，プレゼンテーション能力は，日本企業本社の国内営業部門で「会議や説明会で販売会社（ディーラー）に対するプレゼンテーションがうまく行かないと仕事をしたことにならない」とコメントされたように，外資系企業のみならず，日本企業でも重要な専門性となっている。一般に日本人はプレゼンテーションが不得手とされており，今後，英語とともにプレゼンテーション能力の向上にも取り組む必要があろう[4]。

6　職務能力の育成

（1）主体的な人材開発

最後に，職務能力の育成・向上に重要と指摘されたものについて考察していきたい。職務の専門性発揮に重要なものと同様に，組織，人事管理，個人の3つに分類した。図表4－7のとおり，「組織」では目標設定，権限委譲や職場風土，「人事管理」ではCDP（キャリア・ディベロップメント・プログラム）や育成方針，「個人」では自己啓発，本人の意欲・興味・努力などがあげられた。米系日本法人では，CDPのように本人の主体的な取組みが強調されたのに対し，日本企業本社では，率先垂範や教育指導のように上司の指導や育成方針が重視された。そこには日本企業，特に大企業が行ってきた新卒採用と教育訓練が反映されていると思われる。

米系日本法人のインタビューで「若い上級管理職が外部から入社している」との指摘があったように，外資系企業では中途採用が主流である。人材開発においても「新卒者を育てるシステムはないが，ある程度のキャリアを持つ人の能力を伸ばすプログラムはある」とのことで，本人が主体性をもって取り組むことが重要となる。今後，能力向上やCDPの実効性向上のためには，日本企業も会社主導の教育訓練から，キャリアを考え主体的に取り組む人材開発への

転換が求められる。

図表4－7　職務能力の育成に重要なもの

分　類	米系日本法人	日本企業本社
組　織	・目標の設定 ・達成ごとの評価 ・権限の拡大 ・権限委譲（およびそれに伴う経験）	・率先垂範 ・迅速なフィードバック ・計画的な機会付与 ・自主性尊重 ・やる気を尊重する職場風土
人事管理	・能力開発 ・CDP ・部下との個別対応（本人との対話）	・評価の継続的実施 ・職務能力期待値の明示 ・育成方針 ・教育指導
個　人	・自己啓発を促すサジェスチョン 「組織・人事管理との重複項目」 （権限の拡大に伴う経験） （目標の設定/能力開発/CDP）	・粘り強さ ・頭の整理 ・本人の意欲・本人の適性 ・担当職務への興味 ・外部との接点 ・課題設定・解決策を考え，実行する努力

出所：Newman and Rowbottom（1968），Elliott（1972）を参考に，調査結果により作成

（2）専門性重視の育成

　日本企業では，新卒者の担当職務は本人の希望というより，ほとんど企業側の意向で決定されてきた。そうなる理由には，個人の育成という要素も関係していた。つまり，企業内での長期雇用を確保するには，従業員に幅広い職務経験と柔軟な対応力が必要であり，多様な職務経験を通じて，能力の発見や向上が期待されるためである。

　一方，外資系企業では，職種を定めての中途入社が一般的であるため，入社後，他の仕事への異動に同意が得られないという状況にある（根本，1988）。しかし，職種が特定されることで，能力向上の目標が明確となり，個人にとっては現実的なキャリア・プランを考えることができる。

　インタビューで「早くから職務領域を決めなくても良い，上司と方向性を確

認する程度で良い」,「若い時の自分の思い込みでは（適した職務は）わからない」とのコメントがあったように，日本では職務を絞り込まない育成が行われてきた。しかし，近年の環境変化や専門性の高まりから，また「技術系は（入社時に）決めたほうが良いが，事務系は入社1～2年で決めれば良い」との指摘もあるように，職務の確立が必要との見方が強まっている。これは専門性を重視した育成への変化であり，外資系企業や欧米企業に近い育成にシフトしているものと考えられる。

（3）キャリアに応じた専門性

専門性が重視されることやその内容を考えてきたが，どのような専門性が重要となるかは，キャリアの各段階によって異なる。そのため，専門性を向上させるには，それぞれのキャリア段階に応じた目標や計画が重要となる。若手や中堅社員は，自らの専門性を職務から見出し，その確認をしつつ，向上に努める重要な時期にある。

担当職務からはじまり，それを掘り下げたり，関連分野へ広げたりすることが大切である。その過程において意識的に経験と学習を繰り返していく。知識やスキルを確実なものにし，その後，それらを統合することで，職務に活かすことができる。そうした努力の過程を経て，価値のある専門性を持つことができる。

外資系企業の実務経験者が指摘するのは，知識を積み重ね，その普遍化を図ることの重要性である[5]。米系日本法人で「管理能力・リーダーシップは専門性によって裏付けられる」とコメントがあったように，管理職になるとその専門性に管理能力が加わる[6]。「マネジャーにはプロフェッショナルとしての向上が求められ，トップに近づくと視野を広げる必要が出てくる」,「管理能力は部長クラスになると求められる」とコメントがあったように，部長クラス以上になると，真の管理能力として，事業を統括し，運営するゼネラル・マネジメントの能力が重要になってくる。

このようにキャリアに応じて，必要な職務能力は変化するが，職務についての専門性がベースになっていることは変わらない。マネジャーとなっても，常に専門性を強固なものとして維持向上させていく努力が求められる。そして，

第4章 外資系企業にみる職務の専門性

この点は日米共通のものと考えられる。

7 おわりに

　今回比較した日米企業には，規模や対象部門に違いがあったものの，米系日本法人の職務やそこで求められる能力から，国際競争力を高めるために日本企業に必要となる専門性や職務能力について考察することができた。

　外資系企業である米系日本法人では，専門性が必要な部門や職務の専門性が重視されている実態がみられ，これらは仮説を支持するものであった。担当領域や責任が明確な欧米企業では職務への取組みに主体性が必要とされ，職務の専門性が管理能力のベースとなるため，管理職も専門性を重要と認識していた。

　日本企業，特に大企業の中核人材は総合的な視野や調整力を中心とした管理能力を重視し，職務の専門性の向上をあまり考えてこなかった。しかし，今日では国際化や技術の革新により，ビジネスはもとより職務や組織が大きく変化し，ホワイトカラーの職務から価値を生み出すことが求められ，職務の専門性が注目されてきている。

　外資系企業のあり方が，すべてそのまま日本企業に当てはまるとは言えないが，世界をリードする米国企業の日本法人での職務や育成のあり方を通じて，重要な示唆がみられた。それらをインプリケーションとしてまとめると，①各職務にある専門性の明確化，②責任と権限を持てる職務領域の構築，③職務に対する専門性と主体性を重視した育成，④専門性を基盤にしたキャリアの実現，以上の4点となる。

　これらのインプリケーションを考慮し，日本企業に適したものとして活かすためには，さらなる検証を要するが，実現に向けてのプロセスは国際競争力の向上につながり，今後の人材マネジメントのあり方を明確にするものと考えられる。

注

1　外資系企業、海外企業では職務の範囲が明確と言われるが、そうしたものは次のような指摘にみられる。「外資系企業においては、社員一人ひとりの職務内容が明確に決まっている」（得平，1998）、「米国企業は個人の仕事の範囲が明確であるのに対し、日本では仕事の範囲がはっきりしない」（桶田，1988）、「日本企業は組織が一丸となり目標に向かって努力するが、外資系企業では個々の社員が自らの仕事を完遂するように努力するという側面が強い」（藤岡，2012）

2　外資系企業では日本企業以上に厳然と実力評価が行われている。以下のような実務家の指摘がある。「外資系企業の場合、能力主義、実力主義と言われるが、それはまぎれもない事実である」（pp.58-59）（得平，1998）、「一般に歴史が浅く、100％外資の企業ほど能力主義が徹底している」（小島，1997）、「仕事の内容、給料、ボーナスも年齢、性別、国籍などは一切考慮されず、若くても能力があり成果を上げれば、どんどん昇進できます」（藤岡，2012）

3　外資系企業で英語が必要なことは容易に想像できるが、階層やポストによってその水準や重要性も異なる。外資系企業での経験者による以下の指摘は参考になる。「外資系企業で日本人ホワイトカラーの採用基準で特徴的なのは英語力の重視、管理職ポストが上位になるほど、英語力が必要となり、その結果、日本人幹部に英語は必須である」（吉原，1994）、「英語力とパソコン操作能力はビジネスマンのスタート台に立つための基本的条件であり、特別な資格でも何でもない」（p.75）（得平，1998）、「英語が公用語、常にスキルアップを心がける」（林，2000）、「社内のドキュメントは多くが英語であり、コミュニケーションも英語が中心。少なくとも英語については高いレベルの語学力を身につけておくに越したことない」（藤岡，2012）など、インターネット、Eメールの普及もあり、英語の重要性はさらに高まっている。

4　プレゼンテーション能力の重要性についても、次のように多くの指摘がある。「米国の企業では、スライドなどを使ってのプレゼンテーションが会議にはつきもの・・（中略）・・プレゼンテーションのうまい社員は出世します。日本人はプレゼンテーションもあまり得意ではありません」（pp.149-150）（八城，1992）、「外資系企業ではプレゼンテーション能力や相手を納得させる説得力が欠かせない。顧客や取引先といった外部ばかりか、上司など社内向けにも説明を要する機会が驚くほど多いからである」（p.124）（得平，1998）

5　専門性を高めるための、次のような実務上のアドバイスは貴重なものである。「ある分野で獲得した知識や技能も、その分野でしか通用しない知識・技能として終わらせてしまっては進歩がない。それを新たな分野や新規プロジェクトで活かしていくことが不可欠である。大切なことは関連情報を統合して知識を積み重ねることと、いかにその普遍化を図るかということである」（pp.90-93）（得平，1998）、「若い社員や専門スタッフに求められるものは専門能力である。それぞれの専門分野に関して知識やスキルをきちんと身に付けること、それも自社内ばかりでなく、外部でも通用する力をつけたい」（pp.162-163）

(得平, 1998),「業務上得られる知識の汎用性を高め, 普遍化に努める」(林, 2000),「外資系企業では, あまりジェネラリストの活躍する場はなく, 専門知識とそれをベースに顧客を満足させる能力が重要」(藤岡, 2012)。

6 「管理職となり部下を率いるようになると, 専門能力にプラスしてマネジメント能力が求められる」(pp.162-163)(得平, 1998)

第5章

日本と米国のホワイトカラー資格

1 はじめに

　日本の企業においては，従業員が職務能力を発揮する場は，通常，所属する企業内に限られる。そのため，企業内の評価や昇進が重視されてきたといえる。従業員は企業に長期間勤務し，上司や同僚からの評判や人間関係に留意しつつ，権限や報酬のより高いポストへ昇進することを目指してきた（Ouchi，1981；森，1995）。すなわち長期雇用の下で行われる日本企業での管理職の選抜・育成は，従業員にとってはキャリア競争の連続でもある（八代，2011）。また，OJT（職場内訓練）や社内教育などの能力開発やジョブ・ローテーションも内部人材の長期雇用・育成を前提としたものであった（石田，1989；今田・平田，1995；佐藤，2013）。

　このように日本企業は人材をその組織内に囲い込み，長期的に育成・活用を図ることを主眼としてきたため，そこには職務・職業能力を労働市場で横断的に通用させる必要性は生じてこなかった。新規学卒者を一括採用し，企業特殊的な知識・技能を教育・訓練することは，他社での活用を困難にしているという指摘（高木，2004）もあるように，ホワイトカラーの流動化は進展しなかった。また大企業をはじめとして，企業経営者や管理者も特定企業での内部昇進に依存しており，経験する職務・職能は限定されなかった（白井，1992）。したがって，人事，経理，販売，購買などの職務の専門性やそこで求められる知識や能力は社内評価にとどまり，対外的な評価を得ようとの認識も希薄なままであった。こうした人事評価や人材育成には，多くの論者の指摘を待つまでもなく，終身雇用や年功序列制など，いわゆる日本的経営における雇用慣行の影響が大きかったといえよう。

　しかし，1990年代以降のバブル経済崩壊後には，特定企業での長期雇用を前提にしてきた日本的経営も次第に変容を余儀なくされてきた。日経連の雇用ポートフォリオ（1995）では，柔軟性のある雇用として短期型雇用が増加するなど多様化する今後の雇用のあり方が示された。職種別採用や中途採用などが一般化したことからも，従来，あいまいであったホワイトカラーの職務が次第

に明示されるようになってきた。このように仕事に必要な知識や能力について，社会的な評価が求められるにつれ，ビジネス・キャリア検定など公的なホワイトカラー資格の存在意義も生じてきたと考えられる（安藤，1994；阿形，1998；宮下，2005；阿形，2010）。

2000年以降は，多様な雇用を想定したポートフォリオや成果主義的人事制度への移行が注目され，人材の流動化やプロフェッショナル化，キャリア追求への関心が高まった（宮下，2001；原口，2003；木谷，2005；若林ほか，2007；佐藤ほか，2007；木谷，2013）。こうした動きは日本的経営の側面だけでは論じられないが，サービス残業，過労死，非正規雇用，派遣切りといった今日の社会問題の根底につながるものであろう。

本書のテーマである「資格」について，日本では第二次世界大戦後，高度成長期，そして1980年代以降と資格が脚光を浴びた時代があった。そしてバブル崩壊以降から現在も資格社会とか資格ブームの時代と言われるほどである[1]。長引く不況と人員削減が続く中，資格の種類は増加し，資格取得のための学校やセミナー等も多く見受けられる。しかし，資格が注目されるとしても，その評価は個々の資格（級）で大きく異なるので，どんな資格でも取得できれば良いということではない。

現在では京都・金沢や鎌倉などの「ご当地検定」，ワインや野菜などの「ソムリエ資格」などさまざまな資格が生まれている。しかし，「英語検定」や「簿記検定」のように長い歴史があり，受験者も多い資格が社会に浸透している資格といえる。「資格」の範囲は広く，民間資格を含めれば，その種類や数は膨大なものになる。しかし，本章では国家資格やそれに準ずる公的機関による資格，いわゆる「公的資格」を対象とし，ホワイトカラーの職務に関連する資格を考えていきたい。

資格が増えているとはいえ，ホワイトカラーを対象とした資格となると，意外なほど少ない。欧米諸国では職業資格が日本に比べて浸透しており，各職業・職務ごとの専門家の組織が基盤となり，資格・検定が設置および実施されている。そのため，日本のビジネス・キャリア検定[2]のように，ホワイトカラー全体の職務を1つの枠組みでカバーするような資格は見当たらない。欧米の職業資格は専門家の団体や組織が設置し，社会的に確立されており，単に資

格授与機関というより、会員制（メンバーシップ）に基づく、職業人の基盤組織として、個人と企業・社会を結び付ける役割を果たしている。こうした専門家の組織の機能や役割は、日本での職業資格の発展を考える上でも、重要である。

　職業資格の成立基盤や活用は日本と諸外国では異なるものの、人事や経理などのホワイトカラーに共通する職務を対象とする資格について国際比較を行うことは、今後の日本のホワイトカラー資格を考える上で一定の意義を有する。本章では、日米の人事資格についての比較考察を通して、日本のホワイトカラー資格のあり方を検討していきたい。

　本章では、まず日本における公的資格、とりわけ企業のホワイトカラーを対象とする資格の現状について概観する。続いて、先行研究や企業マネジャーのヒアリング、ホワイトカラーへの調査結果から、ホワイトカラー資格の評価や活用について考察し、公的資格の特性と現在の問題点を明らかにする。さらに日米の人事職務を対象とする公的資格を事例として比較分析を行い、日米のホワイトカラー資格の異同点や日本のホワイトカラー資格の課題を見出し、今後の資格につなげるインプリケーションとする。最後に、ホワイトカラーの公的資格がもたらすマネジメントへの意義や今後のあり方について考察し、結論とする。

2　日本のホワイトカラー資格について

(1) 資格の社会的意義

　資格・検定とは、特定の知識や技能が一定水準に到達していることを証明するものであり、それにより客観的評価さらには社会的信用が得られるものである（桐村，1985；今野他，1995；藤村，1997;宮下，2005；阿形，2010；高橋，2011）。一般的な資格・検定は限定された特定の技能や知識があることを証明するものであり、ビジネス・キャリア検定などのホワイトカラーを対象とした職業資格は、数少ない。このようにホワイトカラーの職務を対象とする公的資

格を，本書ではホワイトカラー資格としている。

　現代の日本社会で代表的な職業資格は法曹と医師の国家資格であろう。近年の制度改定でロースクール（法科大学院）が設立され，合格者数も増え，やや門戸が広がったとされるが，司法試験は難関であり，高く評価される資格であることは変わらない。また，医師国家試験を受験するには医学部卒業が前提であり，難しい入試を突破した後，長年の教育訓練が不可欠とされる。これらの職業資格は伝統的なプロフェッションを規定する国家資格として社会的に確立されている。医師や法曹のように法律で規定された独占資格は，職業資格の意義を示す代表的な資格である。しかし，こうした職業資格は少なく，大半の資格・検定はそれだけでは高い評価や職業の獲得には結び付かない。多くの資格・検定はある特定の知識や技能を評価するもので，職業とは直接結び付いていない。仕事との関連があっても，導入段階に必要な要件を満たす程度の位置づけといえよう。

　ホワイトカラーなど組織で働く人の職務資格は，情報処理や医療・看護系などの分野では，比較的多くの資格があるものの，人事，経理，営業など一般的な事務系ホワイトカラーの職務に対応する公的資格，いわゆるホワイトカラー資格はほとんどみられない。ホワイトカラーの職務に関連する資格としても社会保険労務士，中小企業診断士，簿記検定，販売士など数少ないのが現状である。これまでの日本社会では終身雇用や年功制人事により，就職後は職務知識や能力を公的に示す必要性が低かったことが，ホワイトカラー資格が発展しなかった主たる理由であり，資格の社会的意義が脆弱であることの証左でもあろう。

（2）ホワイトカラー資格の役割と評価方法

　資格の役割について，安藤（1994）は教育効果を指摘している。資格は知識の確認や証明であるが，受講者からみれば学習目標となり，また企業からみた場合でも，資格取得を奨励することで，従業員の知識，技能習得のための目標となるため，教育効果は重要である。また，今野・下田（1995）は資格の第一の役割は労働者の能力の証明であり，次に提供される財やサービスの質の評価手段であると指摘している。これは，まず能力や知識を証明するという資格の

第一の目的や意義を確認しているが，成果物である商品やサービスの質を評価するのに使われることも見過ごせない点である。

さらに，ホワイトカラー職務の資格については，その人の職務や成果を評価するという第三の役割を付け加えることができるだろう。このように資格はそれを持つ人の「知識・能力の証明」から「教育効果」と「商品・サービスの評価」，さらには「職務や成果の評価」という副次的な意義を持つものといえる。

資格を認定するための評価方法としては，運転免許や技能検定のように実技試験を伴うものもあるが，多くは筆記試験により評価・認定される。技能検定のように，機械加工を行う動きや形となった製作物を評価する場合は，実際の職務遂行で発揮するのに近い能力が確認できるが，ホワイトカラーの仕事のように，成果につながる行動や結果がわかりにくい場合は，適切な評価方法をとることは難しい。

例えば，ホワイトカラーの仕事に関連の深い簿記検定やホワイトカラーの仕事を対象とするビジネス・キャリア検定は，筆記試験だけで評価され，合否が決定される[3]。しかし，筆記試験だけで測定できるのは知識，それも形式化された知識に限られる。そのため，こうした資格には実際の職務遂行における力をどれほど的確に評価できるかという疑問がどうしても付きまとう。筆記試験に限定せず，他の評価方法を加えることで，改善される可能性もあろう。英国のNVQ（National Vocational Qualification：全国職業資格）では，業務に従事しながら認定を受けるという評価方法が取られていることは1つの参考になり得る[4]。

（3）企業における資格の評価

ホワイトカラー職務の資格について，企業ではどのように捉えているだろうか。そもそも資格がどれほど必要か，また役立っているのかを，1つの調査結果だけで把握することは難しい。対象となる職務や層，また資格次第でその答えは大きく異なるからである。産能大学の調査（1997）は，企業の資格に対する考え方が示されており，資格全体の評価や位置づけを知る上で参考になると思われる[5]。585社の人事部から得た回答からは，資格取得にはまず「教育的な効果（自己啓発，スペシャリストの育成）への影響」が最も大きく，「企業

の信用や専門性を高める」のにも有効と考えられていることが判明した。一方，資格取得は「事業の推進や組織の活性化につながる」ものとはあまり考えられていなかった。

また，資格が「その人の能力を客観的に示す」かについては「どちらとも言えない」が過半数を超え，約4割の肯定を上回った。これは資格がどれほど密接に仕事能力と関連しているかを示す結果であり，仕事との関連はあるものの，高い信憑性を得ているとは言えない現状が表れている。そのことを裏付けるように，資格取得は「能力開発とリンクする」割合が4割であるが，「昇進・昇格とのリンク」は2割以下と低いものであった。「資格取得による手当支給」については，ほぼ3分の1の企業で実施され，その多くは業務に直接関連する資格についてであった。

労働政策研究・研修機構の調査結果（2015）において，仕事に関する社外の資格・検定を，今後より積極的に活用していきたいと考えている963社にその理由をたずねたところ，「専門性に対する従業員の意欲を高めることができる」と答えた企業が69.8％で最も多く，以下回答の多い順に「従業員の仕事上の能力を客観的に評価できる」（60.2％），「社外に対し従業員の職業能力をアピールできる」（34.2％），「従業員の教育訓練がやりやすくなる」（28.7％），「従業員が自分の能力を冷静に見直すのに有効」（25.4％）との結果が得られた。

一方，仕事に関する社外の資格・検定を，今後より積極的に活用していきたいと考えていない企業（478社）は，「自社の業務にあった適切な資格・検定がない」（35.1％），「資格は職業能力の一部を証明するに過ぎない」（31.6％），「資格取得が従業員の成果につながっていない」（22.4％）といった理由をあげた。これは資格の種類や業種や企業規模などを問わずに集計した結果であり，多様な結果が示されているが，資格に対する企業からの評価が表れている[6]。

（4）企業の資格取得の考え方

次に企業による資格取得についての考え方を探るために，資格取得援助制度についての調査結果を概観したい。産労総合研究所による調査（2006）によると，回答を得た153社の約8割の企業が何らかの援助制度を持っていることが示された[7]。資格取得の援助施策としては，①通信教育・Eラーニング，セミ

ナー・スクーリング参加，学習教材等の費用補助，②就業時間内の参加を許可，③交通費の支給などがある。これらの援助が業務に関連する「取得義務・奨励資格」では，その実施率は7～8割，それ以外の「自己啓発資格」では3～6割という調査結果であった。この結果から，企業での資格は業務関連資格とそれ以外の資格とに分けられ，両者の取得援助には明らかな違いがあることが示された。

　資格取得者に人事制度上の考慮をしていた企業は8割を超えるが，内訳をみると，その多く（8割）は人事データベースへの登録であり，昇進，人事考課，配置転換など人事制度や施策上の実質的な考慮がされたのは，3割前後にすぎなかった。また，社員に取得してもらいたい公的資格としては，「衛生管理者」「社会保険労務士」「技術士」「中小企業診断士」「土木施工管理技士1級」「建築士1級」「公害防止管理者」「電気主任技術者」「宅地建物取引主任者」などがあげられた（図表5－1を参照）。この結果は対象企業でのすべての職務を含んだものであり，技術・技能系の資格が重視されていることが確認された。

図表5－1　企業が取得を推奨する公的資格

	回答企業全体		製造業		非製造業
1	衛生管理者	1	衛生管理者	1	衛生管理者
2	**社会保険労務士** 技術士	2 3	公害防止管理者 電気主任技術者	2	**社会保険労務士** 土木施工管理技士1級
3	**中小企業診断士** 土木施工管理技士1級	4	技術士 エネルギー管理士	3 4	**中小企業診断士** 建築士1級
4	建築士1級 公害防止管理者 電気主任技術者	5	TOEIC 危険物取扱者 乙種 技能士	5	**宅地建物取引主任者** 技術士 基本情報技術者
5	**宅地建物取引主任者**		危険物取扱者 建築士2級 インテリアコーディネーター 危険物取扱主任者 防火管理者 学位（博士） 高圧ガス製造保安責任者		

＊太字は事務系ホワイトカラーに関わる資格

出所：産労総合研究所の調査（2006）による

また，リクルートエージェントの調査（2008）において，企業が求める上位の10資格の中で，事務系ホワイトカラーのものは，日商簿記2級（4位），宅地建物取引主任者（3位），公認会計士（4位），日商簿記1級（7位），社会保険労務士（9位）があげられた[8]。

　このように，企業で取得が奨励される資格には，特定の技術や技能の分野での資格が多くみられ，事務系ホワイトカラーの職務に関連する資格は社会保険労務士，中小企業診断士，宅地建物取引主任者，簿記検定にすぎない。しかも，それらの資格の多くは独立開業につながる資格であり，企業のホワイトカラーの仕事力を認定する資格とは言えない。企業での資格の評価は多様であり，必要とされるかどうかは資格（級）により異なるが，概して資格の必要性は技術系の資格で高く，事務系では低いことは明らかである。

3　日本のホワイトカラー資格の活用と取得

（1）情報企業での資格の活用

　ホワイトカラーの資格の活用状況を確認するため，情報機器を製造販売する大手企業4社の人事担当マネジャーに対して，2007年にインタビューを実施した[9]。情報機器企業を対象としたのは，ソフトウェア開発など先端技術が必要とされる企業であり，専門性が重視されることや，人材育成に積極的であり，資格の活用にも積極的な企業が多いと考えられるためである。また，現在の資格・検定においても，マイクロソフトやオラクルの情報関連資格を含め，これらの情報企業では資格の活用が進んでいることは，変わらない。インタビューの方法は「職務の専門性と資格について」の質問票に基づき，公的資格やビジネス・キャリア制度の評価や活用について5段階での評価およびコメントをいただいた。評価結果だけでなく，ある程度の質問の枠組みを用意しつつも，自由回答も含んだ準構造化インタビューとして，評価の理由や背景などについても話を聞いた。なお，本章では調査結果の一部について取り上げている。

① 公的資格取得の重視

はじめに「(公的)資格の取得が重視されるか」の質問について，3社が「あまり重視しない」と評価し，1社が「どちらとも言えない」との評価であった。その理由は，「資格は直接仕事に結び付かない」「資格は潜在的能力の客観的判断材料だが，企業で成果が出せるかは別である」というように，仕事との関係があるとは言えないためとされた。「どちらとも言えない」としたマネジャーからは，「技術系では顧客にアピールするなど，仕事に繋がるので重視するが，事務系ではそのようなことはないので重視しない」とコメントがなされた。これは他社でも聞かれた話で，重視されている資格の多くは技術系との認識を裏付けるものである。

② 公的資格の活用

公的資格は「活用される」が1社，「どちらとも言えない」が2社，「あまり活用されない」が1社であった。活用されるとした企業は，資格取得を目指すことで能力育成に役立つと捉えていた。活用される資格は技術系が主であり，建築や公共工事に絶対必要な資格やマイクロソフトなどの認定資格（ベンダー資格）といった業務関連の資格の存在が確認できた。

事務系職種の中で，経理や法務の仕事では，ある程度は資格が活用されるものの，人事では不要とのコメントがあった。また調査対象には外資系企業が1社含まれているが，同社では独自のプロフェッショナル制度が中心であり，事務系職種では日本の資格はほとんど活用されていないということであった。ただし，公的資格の今後の活用については，すべての回答者が，従来以上に活用されるようになるだろうと，コメントしていた。

③ ビジネス・キャリア制度の活用

ビジネス・キャリア制度の活用についての質問については，「活用されない」が3社，「どちらとも言えない」が1社であった。「活用されない」としたマネジャーの1人はビジネス・キャリア制度を知らず，社内でも聞いたことがないとのことであった。また「どちらとも言えない」とした企業では同制度の活用は各部門に任せてあるため，実態を把握していないとのことであった。

この結果から、対象とした大手企業4社では、ビジネス・キャリア制度はほとんど活用されていないことが確認された。しかし「今後活用されるようになるか」については、3社の人事マネジャーが「これまでより活用されるようになる」とコメントしており、その将来性を評価している点は共通した認識であった。その理由としては同制度が「ビジネス・キャリア検定」に発展し、公的資格となったことをあげていた（ビジネス・キャリア制度も公的資格であったが、名称変更により、そうした認識が生じたと思われる）。ほかにも、今後、国家検定となるのであれば活用する可能性が高いとの指摘もあり、国家試験や政府公認など、いわゆるお墨付きが日本社会での資格・検定に大きな影響力を持つことがうかがえた。

情報産業での限られた企業での聞き取りであり、そのまま一般化することはできないが、①重視する資格には業務との関連が必要であること、②重視する資格はほとんど技術系の資格であること、③ビジネス・キャリア制度はまだ活用されていないこと、以上について確認することができた。先駆的企業での状況が説明されたため、資格活用の現状について有効な知見が得られたと思われる。

（2）ホワイトカラー資格取得の状況

次に、ホワイトカラー職務の資格取得の状況を把握するため、2007年10月に企業の正社員400名を対象にネットによるアンケート調査を実施した[10]。その結果、ホワイトカラーがどのような公的資格を有しているかが明らかになった。対象として取り上げたのは、事務系のホワイトカラーに関連すると思われる資格・検定であり、英語、情報・システム、経理・財務などの分野のものである。

特に取得率が高い「英語検定」（30％）を別とすれば、10％以上の取得率があった資格は「技能検定」「簿記検定」「基本情報技術者」の3つにすぎない（図表5－2を参照）。この結果から、事務系ホワイトカラーのための一般的な資格・検定はほとんどなく、英語、簿記、情報といったホワイトカラーの職務に関連する資格が活用されているのが現状である。英語はホワイトカラー資格と言うより、汎用的な英語力を証明する資格・検定で、情報もそれに近いと思われる。現在、日本社会で浸透している資格・検定の中では、簿記検定がホワ

イトカラー資格に最も近いものの，簿記は経理の仕事に重要な基礎知識・技能を対象とし，経理・財務職務全体を対象としているものではない。

一方，ホワイトカラー職務を直接対象とする資格である「ビジネス・キャリ

図表5−2　ホワイトカラーが取得する資格

順位	取得した資格	従業員調査 取得者数(人)	取得率
1	英語検定	120	30.0%
2	技能検定	62	15.5%
3	日商簿記検定	53	13.3%
4	基本情報技術者	45	11.3%
5	パソコン検定	36	9.0%
5	システムアドミニストレーター	36	9.0%
7	宅地建物取引主任者	27	6.8%
8	秘書検定	21	5.3%
9	ファイナンシャルプランナー	20	5.0%
10	テクニカルエンジニア	17	4.3%
11	販売士	12	3.0%
11	ビジネス能力検定	12	3.0%
13	情報検定（J検）	8	2.0%
14	セールススキル検定	7	1.8%
15	中小企業診断士	6	1.5%
16	社会保険労務士	5	1.3%
16	ビジネス実務法務検定	5	1.3%
16	ITコーディネータ	5	1.3%
19	オラクル認定試験	4	1.0%
19	ビジネス・キャリア検定（制度）	4	1.0%

出所：筆者らによるアンケート調査（2007.10）の結果に基づく

ア（制度）検定」に着目すると，その取得率は1％にすぎず，「ビジネス能力検定（通称B検）」も3％という結果であった。ビジネス能力検定は，職業教育・キャリア教育財団が実施する検定試験（文部科学省後援）で，就職予定の学生や新入社員（3級），入社2，3年目程度（2級）や5年目程度からの社会人（1級）を対象としている。ビジネス能力検定は業種・職種にかかわらず，仕事に必要な基礎能力の評価を行う試験であるため，内容はビジネス常識，コミュニケーション，リーダーシップといった共通要素に限定される。したがって，人事や経理などホワイトカラーの各職務についての資格とはいえない。

インターネットによるアンケート調査であり，また実施時期も限られており，回答者は現代日本のホワイトカラーをどれほど代表し得るかとの懸念もある。現状や傾向を把握する上では一定の成果が得られたと考えられる。調査結果から，ホワイトカラーが取得している資格は，英語，情報，簿記に関するものであることを確認することができた。事務系など一般的なホワイトカラー職務を対象とする資格，いわゆる「ホワイトカラー資格」の取得はきわめて少なく，同様にそうしたホワイトカラー資格自体も少なく，また新しいものであることから妥当な結果と考えられる。

本調査を補足する意味で，すでに公表されているデータから，資格検定の受験者数や有資格者数を確認しておきたい。図表5－3に示されるように，主要な資格の受験者数では，TOEICや英語検定などの英語資格，マイクロソフト・オフィス・スペシャリストや情報処理技術者などの情報資格，簿記検定，漢字検定，秘書検定などが上位を占めた。また主要ビジネス系資格の有資格者数でも，TOEICと英語検定（3級，準2級，2級），日商簿記（3級，2級，1級），秘書検定（3級，2級）が上位を独占していた（図表5－4を参照）。

この結果から，受験者数が最多なのはマイクロソフトによる情報資格で，TOEICが続き，これら2つの資格受験者はそれぞれ200万人，163万人と際立っている。筆者らの調査は回答数が限定的であったものの，資格取得の全体状況を示すこの調査結果と同様の傾向を示していた。資格取得の調査と言っても，英語検定や簿記などでは3段階かそれ以上の級に細分化され，3級など初心者向けの資格で取得者数を増やしている。また，ホワイトカラー資格に該当するホワイトカラー職務に直接関連する資格・検定の中では，秘書検定と販売士が

掲載されており，これも筆者らの調査結果と符合するものであった。
　最近の資格受験者数について，民間の調査結果をみると，1位英語検定約322.5万人，2位TOEIC約255.6万人，3位漢字検定約210.3万人，4位日商簿記検定約60万人，5位Excel表計算処理技能検定約55万人と上位資格の傾向は，

図表5－3　主要な資格・検定の受験者数

順位	資格・検定名	受験者数（人）（2007年）	増減率（2007/2004）
1	マイクロソフト・オフィス・スペシャリスト	2,007,200	167%
2	TOEIC	1,635,000	114%
3	英検3級	681,785	94%
4	漢字検定3級	668,944	115%
5	英検準2級	511,742	103%
6	漢字検定準2級	484,102	120%
7	情報処理技術者（全種類計）	384,700	83%
8	英検2級	310,726	102%
9	漢字検定2級	297,222	112%
10	日商簿記3級	264,879	109%
11	宅地建物取引主任者	209,684	121%
12	日商簿記2級	162,931	111%
13	P検（パソコン検定）	150,000	143%
14	介護福祉士	142,765	158%
15	ケアマネージャー（介護支援専門員）	139,006	111%
16	FP技能士2級（学科）	138,513	138%
17	情報処理技術者/基本情報技術者	132,012	84%
18	秘書検定2級	108,465	111%
19	FP技能士2級（実技）	104,234	148%
20	情報処理技術者/初級システムアドミニストレータ	97,279	68%

出所：ダイヤモンド社の調査（2008）による

図表5-4　ビジネス系資格の有資格者数

順位	ビジネス系資格	有資格者数（人）
1	TOEIC	17,823,000
2	英検3級	1,635,000
3	日商簿記3級	681,785
4	英検準2級	668,944
5	英検2級	511,742
6	日商簿記2級	484,102
7	秘書検定3級	384,700
8	秘書検定2級	310,726
9	日商簿記1級	297,222
10	販売士3級	264,879

出所：ダイヤモンド社の調査（2008）による

変わらないものの，受験者数は増加している。

またホワイトカラーに関する資格は，銀行業務検定約28.5万人，秘書検定約16万人，ビジネス能力検定約4.1万人，ビジネス実務法務検定約3.4万人，ビジネス・キャリア検定約2.3万人の年間受験者であった[11]。

（3）ビジネス・キャリア制度の意義

これまでみてきたように，ホワイトカラーに関連する資格・検定は，現状では英語，情報や簿記に限られてきた。そのため，1993年に労働省（当時）により創設された「ビジネス・キャリア制度」こそは，ホワイトカラー職務を直接対象とした，はじめてのホワイトカラー資格と言ってもよいだろう。ホワイトカラー資格がそのように新しいものであるのに対して，ブルーカラー資格とも言うべき，技能者の技能を評価・認定する「技能検定制度」は，1959年創設と古く，社会的にも確立されている。同じように企業など組織の職務でありながら，職務を対象とする資格制度の整備状況は，大きく異なっている。

技能系と事務系の職務で資格の整備・活用が大きく異なる理由は，体系的な

知識や限定された技能とは異なり，事務系職務の知識・能力体系を共通するものとして整理し，制度を構築することの難しさがあげられる。さらには，そうした業界や企業をまたいだ汎用的なホワイトカラー職務を共通のものとして整理する必要性が弱かったこともう1つの大きな理由である。

ビジネス・キャリア制度はホワイトカラー職務に必要な専門的知識・能力の体系的な習得を支援することを目的とし，教育訓練制度として発足したが，同時にホワイトカラーの公的資格としての性格も有していた。2007年度からのビジネス・キャリア検定への転換は，まさにそうした趣旨が具現化されたものと考えられる。

ビジネス・キャリア制度および検定の現状については，発足後，10年以上が経過した2005〜2007年度の合格者は1万人強で推移しており，累計合格者はのべ11万人ほどが見込まれる。さらに，10年後となる2014〜2015年度でも合格者数も約1万人と横ばいの状態が続いている。受験者数は，合格者のおよそ2倍であり，毎年2万人程度が受験しているが，対象となるホワイトカラーの数からみると，まだ1％未満と見込まれ，普及はなかなか進まない状況が示された。

ビジネス・キャリア検定に近い受験者層を持つと考えられる簿記検定試験の状況をみると，2015〜2016年の受験者と合格者数は，2級では21.1万人〜22.1万人と3.5万人〜2.9万人，3級では31.2万人〜34.2万人と9.5万人〜10.7万人と2つの級を合わせると年間50万人以上の受験者がいる。これだけの受験者数がいることから，簿記検定は英語や情報系とともに日本で最も浸透している資格・検定の1つであることがうかがえる。

4　日米の人事職務対象の資格

ホワイトカラーの職務といっても，それらはとても多様であるため，本章では人事職務，すなわち人事部での仕事を対象にホワイトカラーの資格を考察する。人事職務に従事するホワイトカラー（人事スタッフなど）に必要な知識を評価・認定する日米の公的資格を事例として，その目的，内容，評価方法などの比較検討を行う。取り上げるのは，日本のビジネス・キャリア検定と米国の

人材マネジメント協会（SHRM: Society for Human Resource Management）による人事プロ検定（PHR: Professional in Human Resources）である。

（1）日本のビジネス・キャリア検定

　1994年，「ビジネス・キャリア制度」はホワイトカラーが教育訓練の成果を確認するための制度として労働省（当時）により創設された。しかし，2007年からは，厚生労働省認定の「ビジネス・キャリア検定」に改定された。この試験を実施・運営しているのは，厚生労働省所管の特別民間法人である中央職業能力開発協会である。当初は教育訓練の便宜を図るため，試験単位は細分化されていたが，資格試験となったことで，職務内容を大括りし，実務に対応した専門的知識・能力を評価できる形式に変更された[12]。

　ビジネス・キャリア検定試験では，企業の代表的な事務系職種の職務遂行に必要な専門的知識を，8つの分野（人事・人材開発・労務管理，企業法務・総務，経理・財務管理，経営戦略，経営情報システム，営業・マーケティング，ロジスティクス，生産管理）に分け，各分野を1〜3級にランク付けし，計45の試験単位に大括りし，体系化が図られた。このように，ホワイトカラー職務のほとんどを対象に，統一した体系と級を持つ公的な資格試験が誕生したことの意義は大きい。

　本章では，米国の人事プロ検定との比較上，人事職務に該当するビジネス・キャリア検定の「人事・人材開発・労務管理」分野の「人事・人材開発」と「労務管理」の1〜3級それぞれの評価内容や方法を概観する。1級とは部門責任者や高度専門職レベルであり，部門長やディレクターを目指す人，2級はグループやチームの中心メンバーレベルとされ，課長やマネジャーを目指す人，3級は担当レベルであり，係長やリーダーを目指す人を対象としている（図表5−5を参照）。

　ビジネス・キャリア検定の評価方法は，いずれも筆記試験によるもので，1級では論述問題が3問で試験時間は150分，2・3級は多肢選択問題が50問で，試験時間は110分である。これは人事のみならず，全分野に共通である。人事・人材開発の内容は人事企画，雇用管理，賃金，社会保険，人材開発で，1〜3級で範囲はほぼ共通している。また労務管理では労使関係，就業管理，安全衛

図表5-5 ビジネス・キャリア検定「人事・人材開発・労務管理」の級別内容

級 (目標)	3級 (初級：係長クラス)	2級 (中級：課長クラス)	1級 (上級：部門長クラス)
人事・人材開発	—	—	経営戦略と人事戦略
	人事企画・雇用管理の概要	人事企画	人事諸制度の立案・運用
		雇用管理	要員管理の立案・実施
	賃金・社会保険の概要	賃金管理	人件費管理の推進
	人材開発の概要	人材開発	能力開発計画の立案・実施
	人事・人材開発をめぐる社会的動向	人事・人材開発をめぐる社会的動向	—
労務管理	就業管理の概要	就業管理	就業管理の構築・運用
	労使関係の概要	労使関係	労使関係の改善・維持
	安全衛生・福利厚生の概要	安全衛生・福利厚生	安全衛生管理の構築・運用
			福利厚生施策の立案・実施
	労務管理をめぐる社会的動向	労務管理をめぐる社会的動向	—

出所：中央職業能力開発協会ホームページ「ビジネス・キャリア検定」
(http://www.bc.javada.or.jp/career/)

生・福利厚生，労務管理をめぐる社会的動向の4項目で，これも3つの級に共通している。

　級による違いには「人事・人材開発」1級に見られるように，経営戦略と人事戦略などの全社的経営や方針が含まれ，要員，人件費，人事制度，人材開発においても企画や立案に主眼が置かれている。また2級と3級の項目には共通点が多いが，2級では内容が職務同様に細分化され，また設計と運用について掘り下げており，基本的な考え方，仕組みや概要の理解確認に重きを置く点に，3級との違いがみられる。

　ビジネス・キャリア（制度）検定を導入した現場からの評価を概観すると，導入した理由については「事務系スタッフ向けの資格がなかった」ことや「社労士など既存の資格はホワイトカラーにとっては現実的なものでなかった」こ

とがあげられた（宮下，2005）。また人事分野の受験者の声としては「自分の仕事の目的や役割を理解できたことは，大きなメリット」「これまでの実務経験を確認する意味でとても役に立った」などと述べられている。ビジネス・キャリア検定を運営する公的機関である中央職業能力開発協会の資料で紹介されており，これはその中で導入組織の1つである愛知県の農協総務部で人事分野のビジネス・キャリア制度（2005年当時）を受講した人事課長と人事課員からのコメントである。また，首都圏の情報システム企業の人事部長は「準公的な資格で客観的基準であること，事務系の評価・教育に適していること，広範囲にビジネス分野をカバーしていること」を導入理由としてあげている。また同氏は，人事分野の上級資格（1級）を取得し「経営者的な視点が求められる，かなり難度の高い試験である」と述べている。限られた事例ではあるが，ビジネス・キャリア（制度）検定を導入した組織からは，前向きな活用状況がうかがえる。

（2）米国の人材マネジメント協会と人事資格

1948年に創設され，世界140カ国に25万人以上もの会員を擁する世界最大の人事管理の専門組織である「人材マネジメント協会」（SHRM）は人事専門家（HR professional）に対して，最新かつ適切な資源を提供し，その要請に応えることを使命としている。同協会は人材マネジメントの重要で戦略的な役割を推進することで，人事職務の発展を後押しする役割も果しているという。

筆者は2007年8月，米国ワシントンDC地区にある同協会本部にチーフ・ナレッジ・オフィサーであるデボラ・コーヘン氏（Dr. Debra Cohen, Chief Knowledge Officer）を訪ね，同協会の人事資格について説明を受けることができた。以下は同氏へのインタビューおよび協会資料に基づくものである[13]。

米国人材マネジメント協会とは「会員への専門サービスを第一義とするものであり，人事資格の授与のために設立された組織ではない」ということである。「公的な立場で資格認定をするため，別組織として1973年に人事資格認定機構（HRCI:Human Resource Certification Institute）が設立され，1976年より資格検定を実施している」のである。専門家である会員組織がまず先であり，資格は後から整備されたというプロセスに日米の大きな差異がみられる。同協会に

よる人材マネジメントに関する資格検定には，PHR（Professional in Human Resources：人事プロ検定），SPHR（Senior Professional in Human Resources：上級人事プロ検定），GPHR（Global Professional in Human Resources：国際人事プロ検定）の3種類がある[14]。

米国人材マネジメント協会は検定（Certification）の意味について，専門職業の達成についての公的な認定であり，同検定が示すのは取得者が人事管理の知識を持つことを証明することとしている。同協会では，検定は知識を測定するものであり，職業上の目標やキャリア推進の支援になるものと説明がなされている[15]。

同協会によるPHRなどの人事プロ検定は，人事職務に独自の資格であり，日本のビジネス・キャリア検定のように，ホワイトカラーのほかの職務，例えば経理や情報システムの職務を対象としていない。米国ではホワイトカラー職務全体を，日本のビジネス・キャリア検定のように同じ評価基準で認定する資格は存在していない。しかしながら，人事職務に限定すれば，両者は同じ人事職務を対象とする資格検定であり，職務を限定すれば日米ホワイトカラー資格の比較考察も可能になると思われる。

（3）米国人事プロ検定（PHR）と試験

PHRなど人事プロ検定の問題は米国連邦法，規則，実践と一般慣習等に基づき，人事管理の全分野から作成され，すべて多肢選択方式でコンピュータによる採点がなされる。具体的には，PHR（人事プロ検定）とSPHR（上級人事プロ検定）の試験時間は3時間で175問（4肢からの選択問題，150問が採点対象問題，25問はテスト評価用問題），GPHR（国際人事プロ検定）については，3時間で165問（140問が採点対象問題，25問はテスト評価用問題）となっている。米国人材マネジメント協会の人事プロ検定は当初4時間の試験時間が3時間に短縮されたが，問題数が多いことは特徴である。

PHRとSPHRについては，米国国内の人事分野の知識を確認するテストであり，GPHRは国際人事，海外での業務や海外での人事業務を担当する人事スタッフのための試験である。いずれの受験にも，2年以上のエグゼンプト・レベルでの人事業務経験が必要とされている[16]。

図表5-6　PHR(人事プロ検定)・SPHR(上級人事プロ検定)の内容と構成比

Test Specifications* (検定試験項目)	PHR (人事プロ)	SPHR (上級人事プロ)
Strategic Management (戦略経営)	12%	29%
Workforce Planning and Employment (人材計画と雇用)	26%	17%
Human Resource Development (人材開発)	17%	17%
Total Rewards (報酬管理)	16%	12%
Employee and Labor Relations (就業管理と労使関係)	22%	18%
Risk Management (安全衛生・就業リスクマネジメント)	7%	7%
Core Knowledge Required by HR Professionals (人事プロの必須知識)	―	―

＊：各項目共，Responsibilities（果すべき責任），Knowledge（知識）が示されている。
出所：HRCI" 2007 PHR/SPHR/GPHR HandBook および
ホームページ（http://www.hrci.org/Certification/2007HB/）による

　PHRとSPHRの違いは，推奨される経験年数がPHRでは2～4年，SPHRでは6～8年とされるように，PHRでは担当者としての運用・機能について，SPHRでは戦略・政策についての問題が出題されている。

　PHRとSPHRの試験問題は戦略経営，人材計画と雇用，人材開発，報酬，従業員と労使関係，リスクマネジメントの6項目に分けられ，これは両検定に共通である。しかし，SPHRでは戦略経営が問題全体の3割近くも出題（PHRでは1割強）されるように，上級検定として，戦略経営はじめ，ほかの項目でも企画や計画の側面が重視されている。PHRでは定型的な業務を確実に実行できること，先進的なものや全社的問題はともかく，人事部門の問題には単独で対処できるレベルが求められる。一方，SPHRは人事部門の管理職や専門家が

対象であり，全社的視点を有しながら，部門全体に関わる複雑な問題を扱えるレベルである（図表5－6を参照）。

また図表5－7に示されるように，GPHRの試験問題は戦略的人材管理，組織の効率性と従業員開発，国際人材採用，国際業務マネジメント，国際報酬と福利厚生，国際労使関係と規則の6項目であり，項目としてはPHR・SPHRとはやや異なる。国際業務に従事する赴任者や出張者を支援するマネジメントと戦略的人材管理に重点が置かれている点が特徴である。GPHRには国際的人材マネジメントの方針や施策を確立し，その実行と評価ができるレベルが求められる。PHR・SPHRのように，想定年数は示されないが，PHRを取得した後の人事資格であり，必要な組織やプログラムを設計したり，戦略や方針を統括す

図表5－7 GHR（国際人事プロ検定）の内容と構成比

Test Specifications* （検定試験項目）	GPHR （国際人事プロ）
Strategic HR Management （戦略的人材マネジメント）	22%
Organizational Effectiveness and Employee Development （組織（制度）管理と従業員（人材）開発）	14%
Global Staffing （国際雇用管理）	10%
International Assignment Management （国際業務支援（海外赴任・出張）管理）	28%
Global Compensation and Benefits （国際報酬と福利厚生）	16%
International Employee Relations and Regulations （国際労使関係と法規）	10%
Core Knowledge Related to Multiple Domains of International HR Activity （国際人事活動に関わる多様な必須知識）	－

＊：各項目共，Responsibilities（果すべき責任），Knowledge（知識）が示されている。
出所：HRCI" 2007 PHR/SPHR/GPHR HandBook および
ホームページ（http://www.hrci.org/Certification/2007HB/）による

ることから，SPHRに近い位置づけと考えられる。

（4）日米人事資格の比較

① 資格の取得者と浸透度

　日米の人事職務の資格を比較すると，まず受験者数に表れる規模や社会での浸透の差が明らかである。日本のビジネス・キャリア検定（およびビジネス・キャリア制度）の年間受験者は，2013〜2016年度をみると，全ユニットで毎年11,000人ほどであり，人事資格に該当する「人事・人材開発」「労務管理」1〜3級の受験者総数は約3,000名である。

　それに対して米国の人事資格であるPHR等の受験者数はここ数年2万〜2万5,000人ほどで推移している。これまでの資格取得者の累計は2008年3月現在で，全体で9万2,182人（PHR：5万1,663人，SPHR：3万9,966人，GPHR：846人）である。その後のデータでは，2016年1月までの累計では，PHR：80,421人，SPHR：54,677人，GPHR：1,785人となり，総計は13万6,000人程度と8年間で4万人以上の増加がみられる[17]。

　日本での人事資格と言えるビジネスキャリア検定の人事関連部門も一般に浸透するまでには至っていない。ヒアリングからは，人事担当のマネジャーにさえ，十分認知されているとは言えない。一方，米国での人事資格の状況について，米国人材マネジメント協会のコーヘン氏は，全米の対象者数（人事分野に従事するホワイトカラーは約100万人と推定）からみて，まだ1割に満たない現在の浸透率はさほど高くないと評していた。さらに同氏は，英国の同様なCIPD（The Chartered Institute of Personnel and Development：英国人事教育協会）による人事資格は，より高い社会的認知を得ているとコメントしていたことは興味深い。ここから英国での資格を先進的とみていることが確認できた。

　人事資格の浸透や活用を評価する1つの方法は，中途採用時の要件としてどれほど使われているかを把握することであろう。簡易的な方法だが，筆者が2008年3月，日本の求人誌や求人サイトで人事担当の募集要項を確認した限り，採用のポジションによっては人事分野の職務経験が求められることはあるが，学歴は不問や高卒以上といったものがほとんどであり，ビジネス・キャリア検

定(人事分野)が必要とか望ましいと記されたものは見当たらなかった。

　この状況は,2017年2月時点で,中途採用の転職の要件としても変わっていない。人事担当を具体例として,いくつかの主要な転職サイトを確認したが,資格を要件とするものは見当たらない。多くは学歴も不問であり,求められる場合でも,職務経験である[18]。

　一方,米国の求人サイトではHRマネジャーやHRゼネラリストといった人事関連職務を確認したところ(2008年3月),日本と異なり,そのほとんどがPHRやSPHRなどの人事資格が掲載されており,必要条件ではないが,これらの資格を有していれば望ましい(HR Certification (PHR or SPHR) preferred)と記されていた。この点についても,2017年2月現在で再確認したところ,状況に大きな変化はみられない。特に中核的な人事スタッフでは,資格が望ましいと示されることが多い。(例えば,Professional HR Certification (PHR) preferred.とか,PHR or SPHR Certification preferred といった要件が示されている。このような結果の説明として,1つには求人サイトでの条件は雇用者側からの希望であり,雇用情勢が厳しくなると,さまざまな条件が高めに設定されることが考えられる。もう1つには,実際に人事資格が浸透していることが考えられる。

　2008年8月,筆者は大学教員や専門家など人事資格やそれを取り巻く事情に詳しい米国の有識者3名と面談したが,その際,人事資格が必要される場合がここ数年で増えてきたとの指摘があった。この結果は人事資格の必要性が高いことを思い出させたが,ヒアリングにおいては,PHRなどの人事資格に対する研究者2名の評価は必ずしも高くなかった。ある研究者はMBA(経営学修士)をはじめとする関連学位を高く評価し,人事資格にはネガティブな評価をしていたためである。人事資格は法律や経理資格ほど確立されていないが,次第に社会的な評価を高めているようで,この点では日米の差は広がっていると思われる。

② 資格の内容と対象層

　日米の人事資格が取り上げる内容には,戦略,計画(企画),雇用,賃金(報酬),人材開発,安全衛生・福利厚生,労使関係が含まれる。これらの括り

方に多少の違いはあるが，ほぼ共通している。法規制，業界，企業の経営戦略や業務慣行の違いもあり，人事職務の実際ではどれほど共通点があるかは個々に確認する必要があるが，日米の人事資格の枠組みは同様であることが確認できた。

米国の人事資格の前提とされるエグゼンプト・レベルが日本企業でどの対象層に該当するかの検討も必要である。日本ではエグゼンプト・レベルは管理職を意味する場合が多く，それに従うと，受験できるのは人事課長など管理職以上に限られてしまう。しかし，エグゼンプトには専門職も含まれることやPHRに求められる要件から判断すると，人事スタッフとして定型的な仕事が任せられる段階をエグゼンプト・レベルと考えることが妥当であろう。大卒で人事部に配属されたスタッフであれば2年程度の経験を積んだ段階であり，主任クラスに相当する。

また米国人材マネジメント協会のGPHR（国際人事プロ検定）は世界共通な業務を対象にする人事資格であり，日本には相当する資格がなく，興味深いものである。2005年からの新しい資格で取得者も850名程度であるが，今後，グローバル資格になる可能性もあり，日本で同様な資格を考える場合や比較の対象としても注目される。さらに，2016年からは，PHRより初級の人事職務の資格として，aPHRが導入されている。これは高卒者の若手スタッフや大学生らを対象にする資格であり，人事資格の入門版としての位置づけがなされている。

③ 資格の有効期間と再認定

今回，取り上げた日米の人事資格には，それぞれ1994年，1976年からと設立以来18年の歴史的な差異があるが，受験者数などの規模の差は歴史以上に大きい。それは既述のとおり，米国の資格は1948年設立の専門職業団体に源流があり，同様な組織を持たない日本とは半世紀近くの大きな年代差があることに留意する必要がある。

この2つの資格だけを取り上げて，日米のホワイトカラー資格の違いを一般化することは無理があるが，さらに両国での資格の社会的位置づけの差異が比較を困難にしている。ホワイトカラーの職務のあり方は国によって異なり，資

格の有無やそれらの発展にも違いがある。例えば，簿記や英検など日本の資格には有効期限がないことが多いが，PHRなど米国の人事資格は，その有効期間は3年と限られている。これは，PHRの基盤となる米国人材マネジメント協会が会員制の専門組織であることと関係している。

資格や検定に有効期間を課すことは，日本ではあまりなく，期限があっても，運転免許のように，事務的に更新される程度である。ビジネス・キャリア検定にもそうした期限はない。仮に有効期限や再認定制度を導入すれば，再認定のために受験者数は増加し，関連する研修プログラムなども充実してくるかもしれない。しかし，そもそもホワイトカラーや企業でのプロフェッショナルの職務資格に需要が少ない日本において，3年ごとに資格を再受験させることは現実的とは言えない。ホワイトカラーがプロフェッショナルとして確立しており，それを支える会員制度（メンバーシップ）による専門家による組織がなければ，全資格の更新は難しいだろう。まず資格以前に会員制度があり，その母体としての専門組織が設立されてきたのが欧米社会であり，ここに日米資格の最大の違いがあると言えよう。日本で，そうした資格の更新が求められる場合，法律での規定が必要となるだろう。

米国の人事資格での再認定率は約70％と高いが，その多くはレポート提出や講習参加等を組み合わせ，一定要件（60単位）を満たす認定方法で再認定を得ているという。実際に再受験をするケースは少なく，いわば会員を継続することで，資格もスムーズに再認定される仕組みが整っている。こうした会員制度により，専門分野での新しい潮流を理解し，知識のアップデートを図ることができると協会は説明している。

5 ホワイトカラー資格の効用と課題

日本でホワイトカラー資格が本格的に活用されるには，まだ時間がかかりそうである。それは今後，日本でホワイトカラーの職務がどのように確立させられるかに関わっている。すでに述べたとおり，ホワイトカラーが独立した職業として認識されてこなかった日本では，その職務の捉え方や資格の設定につい

ても欧米と同じ方法やプロセスを取ることはできない。

　歴史的な考察，政策的な見地からも，ホワイトカラー資格のあり方の検討は興味深いものである。企業での長期雇用が薄れ，雇用形態や個人の価値観が多様化することで，ホワイトカラー職務の資格は，徐々に日本社会に浸透していく可能性はあるだろう。そうした兆候は欧米の社会制度やライフスタイルによる影響や企業の人事マネジャーの指摘にも見られるが，どのように職務や資格の確立を具現化していくかについては，いくつもの課題があると思われる。

　まだ浸透は進まず，実効性も十分に発揮されていないが，ビジネス・キャリア検定のような公的資格を策定することは多くのメリットをもたらしている。ホワイトカラー職務が認識されると，社会的に共通な職務基準や要件が設定され，形式知を増やすことになる。体系化されたホワイトカラー職務は社会の共通知識となり，組織にとっては生産性向上や目標達成，個人にとっては職務満足やモチベーション向上などの成果をもたらすだろう。

　しかし，公的資格とりわけ文科系資格が証明できる能力は筆記試験によって測定可能な，理解力や業務関連の知識に限られるように，資格の効用には限界がある（藤村，1997）。さらに，マネジメント・スキル（Katz, 1955）をみても，資格で評価可能な知識中心の能力はテクニカル・スキルであり，コミュニケーションやリーダーシップ等のヒューマン・スキルや問題解決，戦略策定等のコンセプチュアル・スキルの評価はほとんどできない。

　コンピテンシーモデル（McClelland, 1977）からも，外から見える知識や技能は氷山の一部であり，目に見えない水面下に，動機，性格，特性などが存在している。資格が表層的な知識だけを評価の対象にしている限り，職務能力のような深層にある能力を評価し，認定に役立てることは困難であろう。こうした限界もあるが，ホワイトカラー資格はまだ蓄積が少なく，試験内容や評価方法の改善は今後の課題となる。資格の対象や範囲を含め，改善できる部分はまだ多く残されている。

　近年，日本でも急速に発展してきたMBAなどの経営管理分野の修士号も公的資格の1つであり，ホワイトカラー資格としての役割も期待される。経営はじめ社会科学分野の大学院に，現役の企業人，いわゆる社会人が進学することで，専門職業人育成を図ることは大都市を中心にかなり認識が高まっている。

経営大学院等と公的資格（専門組織）との連係は，英国などではかなり進んでおり，大学院で一定の単位を取得することが，専門資格の取得要件にもなっている。こうした制度は，ホワイトカラー職務に必要な知識・能力の習得や評価を精緻化し，社会的に明確なものとすることにつながる。評価方法についても筆記試験だけでなく，職務を通してのOJT方式など多様な方法を取り入れることも考えられる。

　そうしたさまざまな面からの改善へのプロセスを経ることで，資格の効用や限界も，さらに洗練され評価されるものに進化する可能性がある。ホワイトカラー職務に公的資格が広く使われると，職務習得の目標は企業内だけのものから，外部でも通用するものとなるだろう。歴史と知識の豊富な大企業のみならず，中小企業や地方企業でも効率的で適切な人材育成が可能となり，個人にとっても社会に通じる能力やキャリアの育成計画を策定できることは大きなメリットになると考えられる。ただし，こうした資格制度の充実は，自然発生的に進展することは難しい。短期的で部分的な視点や経済合理性だけからの実現はまず困難であり，社会政策としての取組み，何らかの法的な規定が必要と思われる。

　ホワイトカラー資格の効用をまとめると，第1に「ホワイトカラー職務の社会化」がある。一般的な学習資格のように，特定の技能や知識の確認にとどまらず，ホワイトカラー職務の総合知識や応用力の評価が可能となる。第2に「ホワイトカラー職務の顕在化」である。戦略論や組織論といった学問的知識というより，職務の実践に必要な知識が対象となる。さらに総合問題や事例問題からマネジメント力，判断力を明確にすることができる。第3には「キャリアや能力開発への貢献」がある。これまでは人事・教育制度の整った組織とそうでない組織では，人材育成をする際に，その運営能力には大きな差がつくが，ホワイトカラー資格によって，共通の基盤を活用することができる。なぜなら，優れたマネジャーの英知や経験が公的資格に集約され，ホワイトカラーの職務知識が明確になり，それらを基盤や目標にしての人材育成が可能となるからである。さらに，資格を目標にして，ホワイトカラー自身による主体的かつ有効なキャリア・能力開発にもつながる。

6 おわりに

　本章では，日本のホワイトカラー資格が従来ほとんど存在しないという現状とその理由，さらにビジネス・キャリア検定（制度）を事例にホワイトカラーの資格のあり方について概観してきた。技術・技能系の職務には資格が活用されてきたが，事務系ホワイトカラーの職務についての資格は，これまでほとんど必要とされてこなかった。ビジネス・キャリア制度は当初，教育支援施策という位置づけであったが，2007年度からはビジネス・キャリア検定として公的資格となり，ホワイトカラー資格の基盤としての発展が期待されている。

　米国ではホワイトカラーの職務資格が浸透しているが，代表的な人事資格である米国人材マネジメント協会のPHRとビジネス・キャリア検定の人事資格を比較すると，その内容には共通点が多い。ビジネス・キャリア検定をはじめとするホワイトカラー資格が導入され，活用されるなら，人材育成だけでなく，モチベーションや生産性の向上につながることが期待される。今後，日本社会においても雇用慣行や意識の変化などから，職務要件と必要な知識・能力が明確になり，ホワイトカラー資格の存在意義は高まることが見込まれる。しかし，資格制度の浸透や活用のためには，MBAなど専門職大学院の学位との連係や評価方法の多様化を含め，さまざまな改善や試行が必要となろう。

　日本でも個人が主体的にキャリアを構築し，エンプロイアビリティの確保や成果を明確にする評価制度が進むことで，外部に通用する知識・能力を認定・評価する公的資格が活用される可能性はある。しかし，欧米のような専門家による組織などの基盤のない日本においては，ホワイトカラーの職業資格が社会に浸透し，本格的な活用がなされるためには課題も多く，その実現には時間がかかるだろう。

　企業や市場での短期的な需要だけでは，ホワイトカラー公的資格の現実的な推進は難しく，長期的かつ政策的な視点から，ホワイトカラーの能力維持や向上のための施策として公的資格を位置づけることができるかが重要な鍵になると考えられる。社会政策や法的根拠のある，有効なホワイトカラー資格制度の

実現のためには，社会から支持される資格であることが求められる。

注

1　今野・下田（pp.6-7, 1995）では，1980年代後半以降，景気変動とは無関係に資格取得の希望者が急増しているとし，資格ブームを論じている。さらに，「不況になると，(中略)，資格を取ろうとする人が増える」という世間の常識は必ず正しいというわけではないと指摘している。

2　本論文でも後述されるが，「ビジネス・キャリア検定」は職業能力開発促進法に基づき設立された公的機関である中央職業能力開発協会により2007年から行われている公的資格である。

3　ビジネス・キャリア検定は年2回行われ，1級は2時間半，2・3級は2時間の筆記試験である。試験の詳細はビジネス・キャリア検定ホームページ（http://www.bc.javada.or.jp/career/）を参照

4　NVQは，英国の職業全体を網羅する職業能力評価制度で，1986年に発足した。その取得は，1回の試験で評価されるのではなく，候補者が基準を満たしていることを示す証拠（Evidence）を評価者に提示し，その証拠をもとに認定される（新井，2003）そのための方法としては，行った仕事の成果や過程での書類の提示，製品を作成する過程と製品の観察などがある。

5　1996年9月，産能大学人材開発システム事業部が実施した調査。東京，神奈川，千葉，北海道の企業で，任意に抽出した社員500名以上の企業・団体約3,000社を対象に，人事・教育部門に書面でのアンケートを郵送した。回答企業・団体は585社で，回答率は19.5％であった。

6　労働政策研究・研修機構の調査は，2014年1～2月に実施され，農林漁業・公務を除く常用雇用者100人以上の企業・9,976社を対象とし，1,475社から有効な回答を得た（有効回答率：14.8％）。

7　2006年1月，産労総合研究所が発行する専門誌『企業と人材』の読者から任意に抽出した企業に対して実施した，郵送によるアンケート調査。対象とした2,540社に対して，回答のあった企業は153社で，回答率は6.0％であった。調査結果などの詳細は『企業と人材』（2006.4.5/20）に掲載されている。

8　2008年度，リクルートエージェントに寄せられた求人の中で，企業が応募者に求める資格を集計した結果，日商簿記2級，1級建築士，宅地建物取引主任者の上位3つが特に多かった。4位以降は，公認会計士，2級建築士，第三種電気主任技術者，日商簿記1級，基本情報技術者，社会保険労務士，第一種電気工事士となっている。しかし，これら上位10の資格を求める求人は全体の1％にすぎない。つまり，これらの資格を持たなくても，99％の求人に応募でき，反対に資格を持っていても応募できる求人は大きくは増えないこ

第5章　日本と米国のホワイトカラー資格

とがわかる。リクルートエージェントのホームページ「転職における資格の有効性」より https://www.r-agent.com/guide/ranking/shikaku/（2017.9.16）

9　2007年6～9月に，企業におけるホワイトカラー職務に関わる資格の現状を確認するため，情報機器の大手企業4社の人事担当マネジャーを対象にインタビューを実施した。事前にアンケートを配布し，評価をしていただいた後，各項目についての説明や理由を伺った。

10　2007年10月に，ネットによるアンケート調査を専門機関に依頼して実施した。アンケートの配信対象者は同組織が有する協力パネルで，20～59歳の会社員を対象にした。25,000件を配信，2,069件の回答アクセスから，対象外を除き，400件の回収を得た。

11　2008年に「週刊ダイヤモンド」(2008.11.29) に掲載された調査結果（pp.66-68）からの情報である。2017年に示された資格受験者数のデータによると，年間受験者数の多い資格として，英検，TOEIC，漢検，日商簿記検定などがあげられている。「資格の門」2017年度版（http://shikaku-mon.com/mokuteki/ninki, 2017.3.8）による。

12　中央職業能力開発協会による「ビジネス・キャリア検定」ホームページ（2007）に「ビジネス・キャリア試験（ユニット試験：初級，中級，マスター試験：上級）は，平成6年度以降，厚生労働大臣認定講座修了者等を対象とした「教育訓練の成果確認試験」として実施してまいりましたが，平成19年度からはビジネス・パーソンを対象とした「公的資格試験」（能力評価試験）にリニューアルすることになりました」と記されている。また，最近（2017.3）の同協会のホームページでは，ビジネス・キャリア検定の3つの特長，目的，等級イメージがわかりやすく示されている。
http://www.javada.or.jp/jigyou/gino/business/business-gaiyou.html, (2017.3.8)

13　米国人材マネジメント協会（SHRM）のホームページ（http://www.shrm.org/, 2017.3.9）では，協会の概要や歴史，活動など詳細が示されている。会員コミュニティのための各プログラム，就職などキャリアサービス，セミナーや会合など多様な活動が行われている。

14　米国の人事資格の名称の訳語は一般的でないので，「PHR」などと表記し，意訳として「（米国）人事プロ検定」として記している。また人事資格検定機関であるHRCI（Human Resource Certification Institute）のホームページ（https://www.hrci.org/our-programs/our-certifications, 2017.3.9）に，それぞれの人事資格が詳しく説明されている。HRCIはSHRMから分離され，別組織となっていることが強調され，同資格・検定の独立性が考慮されている。

15　Certificationの訳語として，一般には「検定」が用いられるが，本稿ではその内容から，検定と資格という2つの訳語を同様な意味として用いている。HRCIの資格には，aPHR（associate professional in human resources）という初級資格が，2016年度から試験的に導入され，2016年秋から加わった。これは初級資格で，人事業務入門者向けで高卒者や大学生が主たる対象となる。https://www.hrci.org/#（2016.9.24）HRCIホームページによる

確認。

16 エグゼンプト・レベルとは，労働時間規制の適用除外となるホワイトカラーを意味し，管理職，専門職などが該当する（white-collar exemption）。

17 近年の人事資格の取得状況については，下記のHRCIのホームページによる。
（https://www.hrci.org/our-programs/what-is-hrci-certification/hrci-exam-statistics, 2017.2.26）
（https://www.hrci.org/our-programs/what-is-hrci-certification/exam-statistics, 2016.9.24）

18 日本の転職サイト（2017.2）にて，人事職はじめ10数件の転職要件を閲覧したところ，資格についての記述はなく，資格を必要としない状況に変化がないことが確認できた。「エン転職サイト」（https://employment.en-japan.com/s_jinji/?caroute=0201, 2017.2.24），「DODA転職サイト」（https://doda.jp/DodaFront/View/JobSearchList/j_oc__0210M/-preBtn__3/, 2017.2.24）

第6章

ホワイトカラー資格とビジネス学位

1 はじめに

　これまで日本のホワイトカラーは，職務経験，OJT，研修などを通して，職務能力（仕事をする力）を獲得してきたと思われる。彼らは所属する組織で担当する職務に自らの知識，技能や能力を発揮し，職務を遂行しながら，徐々に職務能力を高めてきたのである。個人と組織の関係でみると，ホワイトカラーは職務遂行と達成評価により個人の欲求充足を図り，企業などの組織は計画に基づく業務目標を達成してきたと言えよう。職務，OJTや企業内教育による育成や昇進の実現は，新卒就職後の中長期的な雇用に適合するものであった。

　1990年代からの国際競争の激化や情報化社会の進展から，日本では人材ポートフォリオによる雇用の多様化や成果主義的な人事制度が増加した[1]。とりわけ非正規雇用の増加，中高年の早期退職やリストラ，WLB（ワークライフバランス）などに代表される働き方の見直しなど，雇用の問題は多様化している。雇用におけるキャリアや育成について，個人と組織の関係が変化したことで，エンプロイアビリティを高めるなど主体的な能力開発が求められている。そのため，職務に必要な知識や能力の明確化とともに，社会的に評価し得る職業能力評価および公的資格の必要性が高まっていると考えられる。

　資格や検定は特定の知識や技能が一定水準に到達していることを公的に証明し，客観的評価や社会的信用に寄与している。日本において資格への一定の関心や需要はみられるものの，多くは「英語検定」や「簿記」など特定技能の資格に対してであり，事務，管理，販売等に従事するホワイトカラーの職務知識や遂行能力に関する資格については，ほとんど関心を持たれていない[2]。

　欧米諸国ではホワイトカラー職務を対象とする公的機関や専門家の団体や専門職業のための組織が存在し，職業教育，会員制度や資格が発達している（Wiley, 1999 ; Miller et al, 2002 ; Grigulis, 2003）。英国では大学に対して非大学機関としての「ポリテクニク」が存在していたが，1992年に大学に統合され，大学における職業教育が重要な役割になった。また英国政府による全国職業資格（NVQ）は労働人口2,500万人の23％，約560万人が取得するほど社会的に浸

透している。

　フランスでは大学に相当する組織として技術大学，グランゼコールや上級技手養成課程などがあるが，大学教育課程でも「職業専門化」が進み，資格取得の準備教育を学校が担うなど，職業資格と学校教育が連動している（金子，2016）。

　「デュアルシステム」として知られるドイツの職業訓練制度では学校と企業が協力して職業教育・訓練に携わり，職業資格試験の対象にはホワイトカラーも含まれている[3]（田中，2010）。米国では州，企業，労働組合等が設置する職業訓練センターとコミュニティカレッジ・大学が履修単位を互換するなど職業教育や技術教育と大学の卒業資格との関連がみられる（平沼ほか，2007）。

　このようにホワイトカラー資格を取り巻く状況は日本と欧米ではかなり異なる様相を呈している。グローバル人材の育成が求められる中，今後の日本企業における職務や人材育成のあり方を検討するためには，人材マネジメントや人材育成についての国際比較研究がますます重要になるであろう。

　本章では，資格，仕事と育成，およびそれらに関わる仮説とその検証を日米英ホワイトカラー調査結果に基づき行いたい。それらの比較分析や検証を通して，MBA等ビジネス系修士学位を含めたホワイトカラー資格の評価や活用およびホワイトカラーの仕事と育成の現状と課題を考察する。

2　ホワイトカラー資格の捉え方

　資格は特定の知識や技能が一定水準に到達していることを証明するものであり，資格を取得したことで客観的評価や社会的信用が得られる（今野・下田，1995；藤村，1997；宮下，2005）。資格についての先行研究から，資格には知識の確認（安藤，1994）と学習・教育という役割，成果物である商品やサービスの質を評価する役割（今野・下田，1995）がある。ホワイトカラー職務の資格には取得者の「知識・能力の証明」「教育効果」「商品・サービスの評価」さらに商品等にすぐに反映されない「職務・成果の評価」の役割があると考えられる。

資格の先行研究として，今野・下田（1995）の研究は日本の事務系ホワイトカラーの資格を対象にした成果であり，代表的な国家資格である社会保険労務士，中小企業診断士，税理士を対象に，それらの取得者の状況や意義を示した。さらにビジネス・キャリア検定の前身であるビジネス・キャリア制度を紹介し，ホワイトカラーを対象とする資格の必要性を示唆した。藤村（1997）は，ホワイトカラーの資格に関連し，創設期のビジネス・キャリア制度の意義を示したが，同制度の発展経緯や実施後の評価については取り上げていない。辻（2000）は，日本の公的職業資格制度について客観的な記述を行っているが，ホワイトカラーの資格を論ずるものではない。

　新井（2003）は職業能力評価制度に注目し，英国の全国職業資格（NVQ）との比較に基づく分析を行っているが，技能系職務を対象にしており，ホワイトカラー資格の視点はあまりみられない。同様に，柳田（2004）の著書も英国の資格制度とその社会的な背景等を示す貴重な成果であるが，日本のホワイトカラー資格やその比較はほとんどなされていない。堀内ら（2006）は，米国，フランス，ドイツの商業系教育と資格の現状を示しているが，その論考は職業高校や専門学校における職業教育に限定されたものである。

　阿形（2010）は資格の効用に着目し，それを個人と組織，選抜と育成という軸から分類し，さらに資格の効用をデータに基づき回帰分析を行い，評価している。対象となる資格は，看護師や美容師，教員免許，危険物取扱者，技能士，電気工事士，簿記，珠算，英語など幅広く確立されたものが網羅されるが，ホワイトカラー資格に該当する資格についての成果は，ごく一部に限られる。

　高橋（2011）は中途採用に焦点を当て，そこでの採用や報酬の格付けにおいて資格がある程度の活用がされていること，今後は企業間で共通化する資格の確立が生涯学習やリカレント教育とともに求められることを示している。さらに，谷口（2014）は包括的に職業能力評価システムを取り上げ，職業教育訓練とともに，日米英の現状と課題を示した。その中で職業資格についても論じているが，研究の主体は技能系の職種・職業分野である。

　このように資格についての先行研究はその意義や効用を理解する上で貴重なものが多くみられるが，ホワイトカラー向けの資格はほとんど対象とされてこなかった。これはホワイトカラー資格が実質的に存在していない現状を考えれ

ば当然かもしれない。そうした状況下だけにホワイトカラーの資格を仕事や育成に関連させて，英米のホワイトカラー資格と比較考察する本研究に一定の意義はあると思われる。

欧米のホワイトカラー資格の捉え方

（1）ホワイトカラー資格の研究

　ホワイトカラーの資格を対象とする研究においては，ホワイトカラーの職業能力や仕事力など職務における知識や能力がその分析の基盤になっている。ホワイトカラーに必要な知識や能力は職務，部門，階層また企業や業界によって異なるため，職種ごとでもさほど明確なものにはなっていない。財務，法務や情報システムなど外部で確立されている専門領域については学問的知識を枠組みとして，その範囲や知識をある程度は明確にできる。しかし，実際に仕事を進める上で必要となるリーダーシップやコミュニケーション，交渉力，洞察力，感知力など，いわゆるソフト能力を含めるとその枠組みはあいまいなものとなる。

　ホワイトカラーの公的資格やMBA等のビジネス系修士学位（以下，ビジネス学位）では，規定された知識をその評価や教育の対象としている。これはソフト能力を含む職務遂行能力やマネジメント能力のすべてを対象とする組織での育成や評価とは異なる。もちろん，ホワイトカラーが競争力を保持するためにはマネジメントの知識とスキルを常に高めておくことが必要であり，それは本研究の前提でもある。このことは多くの論者（Drucker, 1973 ; Argyris, 1991 ; Spencer & Spencer, 1993 ; Van der Sluis, 2002）が指摘するように，社会的にも認識されている。ホワイトカラーはその知識，スキルそして能力を高め，仕事で成果をあげるためには，基盤となる職業能力や知識を明確にしておくことが重要となる。

(2) 日本と欧米のホワイトカラー資格

　よく知られていることであるが，職業について問われた場合，日本では所属する会社名を，欧米では担当する職務を答えると言われている。このような比喩でもわかるように，欧米では企業などに雇用されるホワイトカラーであっても，職務や専門性が重視され，所属組織への帰属意識より職務に対する職業意識のほうが強いと考えられている。欧米では，そうした歴史や社会環境を背景に，多くの職業・職務に専門資格が存在している。

　企業においても，ホワイトカラーが従事する会計，マーケティング，人事，情報システム等の職務分野に専門組織の資格が存在している。例えば人事分野では，イギリスの人事教育協会（CIPD：Chartered Institute of Personnel and Development），米国の人事管理協会（SHRM：Society of Human Resource Management），カナダの人事専門家協会（HRPA：Human Resources Professionals Association）のように多数の会員を有する専門組織がある。そのような組織では専門情報の提供や仕事や就職に関する支援，資格の認定組織や研究が行われている[4]。こうした専門組織は対象とする職業や職務がプロフェッションとして確立され，高い評価が得られるよう支援している。このように欧米においては，専門組織によるホワイトカラー資格が公的な職業・職務資格として浸透し，社会的な位置づけを得ている（Wiley, 1999；Grigulis, 2003；宮下, 2009；HRPA, 2012）。

　1990年代以降，日本においてもビジネス・キャリア制度（厚生労働省認定，1993年），ビジネス能力検定（B検）（文部科学省後援，1995年），ビジネス実務法務検定（東京商工会議所主催，1998年），ビジネスマネジャー検定（東京商工会議所主催，2015年）などホワイトカラー職務を対象とする資格・検定が次々に設定された。また2002年から厚生労働省は事務系職種，製造，サービス業の幅広い業種で各業界の協力を得て，職務能力評価基準の整備をスタートさせた[5]。さらに2010年に決定された新成長戦略では雇用・人材分野における国家戦略プロジェクトとして「キャリア段位」が導入され，2012年度には介護職についての制度が開始された。

　こうした動きに関連するものとして，「職業大学」の創設がある。これは

第6章　ホワイトカラー資格とビジネス学位

　2008年の教育振興基本計画で，キャリア教育，職業教育の推進が示され，2009年12月，中央教育審議会のキャリア教育・職業教育特別部会が示した答申案から，職業実践的な教育のための「新たな枠組み」として，職業大学創設の構想が浮上したものである。さらに，2016年5月に中教審は，実践的な職業教育を行う新たな高等教育機関として「専門職業大学」「専門職業短期大学」の創設を答申している。こうした動きは，ホワイトカラー資格とも大きく関わるもので，企業内にとどまらず，社会的な職業教育と評価の仕組みが求められていることが顕在化したと考えられる。

　このように，今後のホワイトカラー職務の認定や公的資格の充実につながる方向性が見えてきたと言える。しかし，現段階ではホワイトカラー関連の資格で社会的に浸透しているものとしてあげられるのは簿記と英語検定などに限られ，ビジネス・キャリア検定などホワイトカラー職務の資格取得はほとんど進んでいない。(宮下，2005；宮下，2009)。

　欧米ではホワイトカラーを対象とした公的資格が社会的に浸透しているが，日本ではホワイトカラー資格はほとんど存在していない。このような状況の中，ホワイトカラー資格を検討する上では，近年，存在感を増している社会人大学院修士課程によるビジネス学位（いわゆるMBA）を含めることが考えられる。欧米やアジアでMBAを授与する経営大学院やその志願者は増加し，日本でもビジネス学位を授与する大学院（いわゆるビジネススクール）が増えている（楠木，2002；上林，2003；金，2009）[6]。

　1990年代から2000年前後までは，当初は数校にすぎなかったビジネススクールであるが，その後は設立が続き，2012年には31校に増えた。しかし，2000年代末になると，ビジネススクールの新設ブームは終わり，定員充足できない大学院もあり，現在では横ばいという状況である。大学院への社会人入学者数からも，2008年の18,800人がピークであり，その後は17,000人前後で推移する状況が続いている。

　MBA発祥の地米国はもとより，欧州や中国，韓国，タイなどアジア諸国は日本以上のMBAブームとされ，すでにMBA等ビジネス学位は世界共通のホワイトカラー資格とされる（Page et al, 2004；Carmichael & Sutherland, 2005；Miller et al, 2007）。米国のビジネススクールは，MBAプログラムを持つ大学

が500校程度,広義のMBAプログラムを発行できる大学を含めると800校程度が存在するといわれる（金,2015）。2000年代に入り,大きな増加はみられないが世界で約15万人と最も多数の人が取得する学位であり,今後のホワイトカラー資格やそのあり方を検討する際は,ビジネス学位も重要な資格になると考えられる。

(3) ホワイトカラー資格についての仮説

これまで記したとおり,ホワイトカラー職務を対象とする資格は日本では浸透しておらず,資格だけでその職務を評価することは困難である。そのため,資格と共通する役割を果たす人材育成と採用・昇進などの人事施策を調査対象に加える。具体的には人材育成・能力・仕事と資格の関係性についての仮説を設定し,それらを日米英ホワイトカラーによる評価結果から考察し検証することで資格の位置づけや意義を明らかにする。そうすることで,人材（ホワイトカラー）,仕事（成果）,職務能力（知識と能力）と資格の関わりやあり方をより明確にすることができるからである。

人材育成,資格の効用,ビジネス学位の効用という3つの領域から,次のとおり7つの仮説を設定した。まずホワイトカラーの人材育成についての仮説として,次の2つを設定する。

仮説1－1　人材育成において,日本ではOJTが,米英では研修が重視される。

仮説1－2　米英では,資格取得を用いた人材育成が日本よりも重視される。

日本では長期雇用による内部昇進が中心で,米英では外部からの転職後の昇進が多いこと（小池,2005）から,OJTと研修,資格との対比が重要になると想定し,これらの仮説は設定された。

次に資格およびその効用に関する仮説として次の3つを設定する。

仮説2－1　日本では新卒採用が,米英では昇給が資格の効用として評価される。

仮説2－2　日本での資格取得は米英ほど,評価や給与に有利ではない。

仮説2－3 日本で資格を取得する理由は，雇用において間接的な効用があるからである。

採用の成否や昇給に資格の効用が現れ，そうした効用は資格のあり方を決める重要な評価となる。本調査では，どのような面に資格の効用が生じるかを評価するため，採用，昇給についての質問が設定された。

最後にビジネス学位・MBAに関する仮説として，次の2つを設定する。

仮説3－1 ビジネス学位・MBAの評価は，米国，英国，日本の順で高い。
仮説3－2 ビジネス学位・MBAは米英では転職に有効な資格である。

ここでの仮説の設定理由は，ビジネススクール発祥の地であり，古くから多くの卒業生を出してきた米国においてMBAの評価が最も高く，英国と日本はそれを追いかけていると想定したためである。これまでのビジネススクールの実績や米国の影響等から，英国での評価は日本より高いとした[7]。また転職の成否はビジネス学位・MBAの評価を決める重要な要素の1つになると思われる。

これらの仮説は採用，評価，昇給，教育研修，転職など資格・ビジネス学位と人材の育成・評価との関連性を問うもので，ホワイトカラー資格の有効性やその意義についての問題認識に応えるものとなる。

4　日米英ホワイトカラー調査の概要

（1）日米英調査の回答者

ホワイトカラーの人材育成や資格の状況や課題について明らかにするため，日米英の大卒ホワイトカラーを対象に調査を実施した。調査は2009年12月に日米英の調査会社の人材ネットワークを介して実施され，各国400人計1,200人の回答（回収率は日本22.5%，米国10.0%，英国16.7%）を得た[8]。調査からだいぶ時間は経過しているが，この間ビジネス学位の取得者数にほとんど増減はみられず，また，日本のホワイトカラー資格であるビジネス・キャリア検定の受

験者数も，横ばいである。調査対象者は従業員30人以上の企業で2年以上の勤続者とし，「人事・労務」「経理・財務」「営業・販売」「情報システム」各部門から100人とした。対象層，言語，評価の認識など国際比較の前提は異なるが，関連する複数の結果を比較し，3カ国ホワイトカラーの現状認識を把握する。以下，回答者概要，人材育成，仕事に対する考え方，資格とビジネス学位の順で調査結果を示す。

　日米英3カ国の回答者の平均年齢は41歳，勤続年数は13.5年，勤務先の従業員規模は数百人程度である。勤続2年以上の大卒ホワイトカラーと人事，経理，営業，情報の4部門がある企業との条件から，同規模企業を勤務先とする回答者が抽出された。米国の回答者は年齢・勤続年数はやや高く，従業員数は平均300人以下と小さかった。米国には定年制がないこととネット調査のため，時間的に余裕のある60歳以上の回答者が多くなったと思われる。

（2）回答者の企業・職務・役職

　回答者の勤務先企業の業種では，日本は「製造業」が27.4％と多く，「サービス業」「金融保険業」「卸売小売業」が15～16％で続く。米英は「その他」が26～28％，「情報通信業」「金融保険業」が14～17％となり，「製造業」は7～9％にすぎない。米英の回答者の勤務先企業業種は似た傾向を示している。

　回答者が従事する職種は3カ国とも「管理的な仕事」が32～48％と多く，日本と英国で1位（米国では2位）である。日本では「専門技術」「営業販売」「一般事務」の仕事が2位～4位（18～15％）と続くが，米英では「専門・技術的な仕事」が35～40％と管理職同様に多く，3位「営業販売」は12～15％である。

　回答者の勤務先での役職は課長クラスかそれ以上，または専門職に就いている人が過半数を超えている。米英では専門職（31％，24％）が最も多いが，日本は役職のない人（24％）や係長クラス（26％）も多く，各国の特徴が現れている。

5　日米英ホワイトカラーによる評価

(1) 人材育成と研修

　まず資格と関連する教育研修など人材育成についての質問から，人材，育成，仕事の状況を概観したい。「人材育成の方法として重視されるもの」は図表6－1に示されるように，日本ではOJTが約45％と際立って高く，続いて企業研修（約22％），ジョブ・ローテーションと資格取得は約10％である。米英は企業研修が40％前後，OJTは約30％と続き，両国は同様な結果を示している。

　次に重視されるものを考慮すると，米英では日本に比べ，ジョブ・ローテーションが低く，資格取得が高いことが特徴である[9]。これは長期的育成につながるジョブ・ローテーションが少ない反面，資格が社会的に浸透しているためであろう。この結果から，OJTを特に重視する日本，企業研修とOJT・資格それぞれを重視する米英との違いがみられた。

　最も役立っている研修の内容は3カ国とも「仕事関連の専門知識」が30～40％前後と多く，続いて日米は「仕事関連の基礎知識」が30％前後，英国は「資格取得」が約25％と違いがみられた。日本では「問題解決能力向上」が，

図表6－1　重視される人材育成の方法

単位：％，（ ）内は実数

	OJT	企業研修	ジョブ・ローテーション	資格取得	特になし	回答者（人）
日　本	44.6	21.8	9.8	9.5	14.3	(400)
米　国	29.8	38.1	9.8	17.0	5.3	(400)
英　国	30.5	40.9	8.8	13.3	6.5	(400)
平　均	34.9	33.7	9.4	13.3	8.7	(1,200)

出所：筆者の調査結果（2009）に基づき作成

米国は「資格取得」も同様に多くあげられた。ここから英国では資格取得志向が高いことがうかがえる。

(2) 資格の評価

① 資格の有効性

資格がどう役立ったか,つまり有効であったか,また今後,資格を取得した場合,どう役立つかについての結果を検討する。まず保有する資格の有効性について,日米英3カ国で差異がみられる(図表6-2を参照)。日本で役立つとされたのは「社会的評価」(47.3%),「担当業務」(43.1%)である。一方,米国は「給与で有利」(42.1%),「評価・昇進」(35.9%)と「社会的評価」(34.4%)で,英国では「評価・昇進」(40.9%)と「担当業務」(32.9%)に役立つと評価されている。

今後の資格取得を想定した結果からは,日米英の違いがより明らかになる。日本では資格を取得した場合,「転職」「異動」「給与」「昇進」で有利になるとの回答は2〜3割前後で米英の半分程度にすぎない。従来の一般認識や調査結果(宮下2005, 2009)のとおり,日本で資格は雇用・評価・報酬など直接的利益にはつながらず,役立つとされたのは「社会的評価」で,米英を上回る。一方,米英では「給与」「転職」「異動」「昇進」で有利との評価が4〜6割で,両国は似た傾向を示す。日本では資格が役立つとの評価は全般に低く,資格が

図表6-2 保有する資格はどう役立ったか

単位:%,( )内は実数

	新卒入社に必要	中途入社に必要	担当業務に必要	給与で有利	評価・昇進にプラス	知識技能の社会的評価	その他	回答者(人)
日本	7.4	9.6	43.1	17.6	10.6	47.3	5.3	(188)
米国	17.9	19.5	31.3	42.1	35.9	34.4	3.1	(195)
英国	12.0	17.8	32.9	24.4	40.9	27.1	2.7	(225)
平均	12.5	15.8	35.5	28.0	29.9	35.7	3.6	(608)

出所:筆者の調査結果(2009)に基づき作成

② 資格の取得

「仕事をする上で役立つ資格を持っているか」について，日米英のホワイトカラーは5割前後が持っていると回答した。日本では就職や昇給に役立たなくても，資格には知識技能の社会的評価があるとの理由で資格を取得したのかもしれない。さらに「今後取得したい資格があるか」との質問に対して日本では8割以上が肯定と強い資格取得志向がうかがえる。これは米英の5割前後に比べても高く，日本での資格の有効性に対する評価と相反するような結果である。このような結果の理由として，日本のホワイトカラーの高い自己啓発意欲や向学心が影響していると思われる。日本と米英における資格の意義や位置づけは異なり，調査結果に現れにくい間接的なメリットや長期的なメリットが評価されているとも考えられる。

今後，取得したい資格の領域についての質問で，日米英に共通に最も多くあげられたのは経理・財務の資格（24.4～34.2％）で，続いて米英では経営・戦略と情報系の資格である。いずれも英国が20％前後と米国の16％前後より高い結果を示した（図表6－3を参照）。日本は経理・財務（34.2％）が特に高く，外国語（14.2％）も高いことが特徴である。次に取得を希望した資格領域も考慮すると，米英ともに経営・戦略が高い。これはMBAなどのビジネス学位も多いため，それらの影響が示された結果と思われる[10]。

図表6－3 今後取得したい資格の領域

単位：％，（　）内は実数

	経理・財務系	法務系資格	SEなど情報系	営業・販売系	人事・労務系	介護など福祉系	経営・戦略系	外国語	その他	回答者（人）
日　本	34.2	6.9	11.3	5.4	12.7	1.8	11.8	14.2	1.8	(331)
米　国	26.0	7.8	15.6	6.8	12.5	0.5	16.7	2.6	11.5	(192)
英　国	24.4	3.3	19.5	5.2	9.0	3.3	21.0	4.8	9.5	(210)
平　均	29.3	6.1	14.7	5.7	11.6	1.9	15.7	8.5	6.5	(733)

出所：筆者の調査結果（2009）に基づき作成

（3）ビジネス学位の評価

① ビジネス学位の有効性

　次にビジネス学位についての調査結果を概観する。ここで「ビジネス学位」とはMBAに代表される経営，ビジネス，マネジメントおよび技術経営など関連する分野の大学院修士学位を指している。具体的にはMBA（Master of Business Administration：経営管理修士），MOT（Management of Technology：技術経営修士），会計学の修士をはじめ，法学，社会学，経済学，心理学，教育学の修士でもビジネス法や産業心理学などビジネス関連の専攻が含まれる。経営学専攻でもMBAという学位名が用いられるとは限らず，ホワイトカラー資格の対象とするためには，「ビジネス学位」として広く捉えておく必要があろう。

　まず日米英のホワイトカラーはビジネス学位をどう捉えているかである。回答者の要件には既出の勤務先規模と部門，勤続年数に加え，修士学位を有するか修士学位に関心を持つことを含めている。特に日本の事務系ホワイトカラーで修士学位の保有者は少ないため，ビジネス学位取得の意向や関心があることも回答者の要件に加えている。

　調査結果から，ビジネス学位の有効性について，米国では入社で，日本では転職で，また英国では双方で高い評価となったが，現在の仕事での評価や昇進にはあまり有効と評価されていないことが判明した（図表6−4を参照）。このような結果となった理由は，大学院修了後の就職として米国では新卒入社が，日本では転職が多いためと考えられる。

第6章　ホワイトカラー資格とビジネス学位

図表6－4　ビジネス系修士学位の評価

単位：％, （　）内は実数

	勤務先での意義大	入社に有効	転職に有効	昇進に有効	高評価に有効	該当なし	回答者（人）
日　本	19.0	20.8	50.0	10.5	14.5	22.0	(400)
米　国	30.7	48.0	35.7	18.3	12.3	14.8	(398)
英　国	15.4	40.0	43.0	19.2	13.4	17.5	(395)
平　均	21.7	36.2	42.9	16.0	13.4	18.1	(1,193)

出所：筆者の調査結果（2009）に基づき作成

② ビジネス学位が評価される業界

　次にビジネス学位の評価が高いとみられている業界，職務部門，そして専攻内容について概観する。回答者からビジネス学位が最も高く評価される業界と思われていたのはいずれの国でも，金融・保険業であった。日本では73％が金融業界とし，英国も金融（56％）が首位だが，情報通信業，製造業，サービス業も10％程度と各業界に分散している。米国も英国に近い結果だが，情報通信以外は10％未満と英国ほどの分散はみられない。次に評価が高い業界と回答されたのは情報通信業で以下，製造業，サービス業が続き，3カ国でほぼ同様な結果となった[11]。

　金融保険業界において，ビジネス学位が高い評価を得ていることは予想どおりであるが，業界によってビジネス学位の評価が相当異なることが確認された。ビジネス学位の評価はビジネススクールの人気やMBA取得者年収のランキングなどに焦点が当てられ，業界や就職先でのMBAに対する評価の違いはほとんど知られていない。限られた本調査結果だけで業界での評価は決められないが，ビジネス学位が評価される業界が金融・保険業界に集中していることを確認できたことは新たな発見事実である。

③ ビジネス学位が評価される部門

　ビジネス学位の評価が最も高いとされる職務部門は，日本と英国では経営・

企画（30～40％台），米国では経理・財務（32％）である。両部門が1，2位なのは日米英に同様だが，3位は日本ではマーケティング・調査で11％，米国では人事・労務，営業・販売，研究開発の3部門が同率で7％，英国では営業・販売が8％と各国で異なる部門となった。

　MBAとは経営管理修士との名称で示されるように，ビジネス学位取得者は経営・企画や経理・財務の部門で最も高く評価されている。2番目に評価される部門の結果を見ると，日本では海外・国際，米国では総務，英国では物流・仕入，営業・販売，人事・労務があり，それぞれ10％を超えている[12]。これらの結果から，ビジネス学位が評価される部門は意外と広がっていることがうかがえる。

　これまでの調査結果では日本が米英と異なり，英国と米国が同様な結果を示すことが多かった。しかし，このビジネス学位が評価される部門においては，英国は日本と同様，全般に評価は低くなっており，米国における高評価との違いがみられた。ビジネス学位は米国で歴史があり，取得者も多いことから，高い評価につながったと考えられる。

④　ビジネス学位で評価される専攻

　最後にビジネス学位で高く評価されている専攻についての結果を概観する。専攻は経営学のほか，経済学，情報学，社会学，教育学，ビジネス法が含まれる。結果は日本と英国では戦略・企画と財務・会計が，米国では財務・会計（37％）と情報科学（15％）が評価される専攻と判明した。

　日本では戦略・企画専攻が45％と評価が集中したが，米国では戦略・企画は12％と3位，英国も24％と1位だが，日本ほど高い評価が得られていない。2番目に高いと評価された専攻も合わせると，日本ではマーケティング（14％）が戦略・企画，財務・会計に次いで高く評価され，さらに国際経営がマーケティングに次いで評価されていることは，日本独自の特徴となっている。

　米国では財務・会計専攻の次に情報科学が評価され，戦略・企画，マーケティングが続き，ほかに経済学も高いことが特徴である。英国は経営科学専攻（13％）が戦略・企画，財務・会計（21％）に次いで高く，ほかには組織・人事（8％），起業プロジェクト（5％）の各専攻が日米に比べて評価されている。

また日米で比較的高い評価を得たマーケティングだが，英国では低く，3％にすぎない。これらの結果から，日本ではビジネス学位は戦略・企画専攻と認識されているのに対し，米英では戦略・企画に限定されず，より多くの専攻が評価されていることがうかがえる。

6　日米英における人材育成・資格・学位

（1）人材育成を考える

　これまでの調査結果を踏まえ，日米英3カ国の人材育成，ホワイトカラー資格とビジネス学位についての仮説検証を通して考察し，重要な特徴や今後のあり方を論じたい。まずホワイトカラーの人材育成に関する仮説についてみると，最も重視されているものは日本ではOJTであり，米英では企業研修であることから，仮説1－1「日本ではOJTが，米英では研修が人材育成において重視される」は概ね支持されたと考えられる。しかし，米英においてもOJTは重視されており，OJTと企業研修が特に重視される人材育成方法であることは3カ国共通である。さらに米英では日本に比べ資格が重視されており，資格取得は企業研修，OJTに次ぐ人材育成の方法とみられている。このことから，仮説1－2「米英では資格取得を用いた人材育成が日本よりも重視される」についても支持されると考えられる。

（2）資格を考える

　次に資格およびその効用に関する3つの仮説について検討したい。仮説2－1「日本では新卒採用が，米英では昇給が資格の効用として評価される」については，米国で昇給に役立つと評価されることから一部は支持されたが，日本での新卒採用，英国での昇給に資格が評価されるとの結果は得られず，仮説2－1は支持されるとは言えない。日本では大学生の就職活動などで資格取得がよく取り上げられるため，新卒採用に役立つとの仮説を立てたが，調査結果からは支持されなかった。また，入社，給与，昇進などでの資格の効用は米英で

も異なり，個々の採用・人事管理について本調査結果だけでの判断は困難と思われる。

　仮説2-2「日本での資格取得は米英におけるほど，評価や給与に有利ではない」については，該当する部分での日本の評価は米英の半分から3分の1程度にすぎないことから，支持されたと判断することは妥当であろう。仮説2-3「日本で資格を取得する理由は，雇用において間接的な効用があるからである」の判断にはあいまいさが残るものの，概ね支持されたと考えられる。この判断の根拠は，業務や社会的評価に資格が役立つとの評価と資格取得の高い意欲である。

　日本での資格は米英に比べ，給与や昇進などの直接的効用，いわゆる金銭的報酬の評価は低いが，「担当業務に必要」と「知識技能の社会的評価」への評価が高い。さらに今後の資格取得の意向も米英以上に高い。日本のホワイトカラーにとって資格は金銭的報酬に結び付くものではなく，資格を目指す学習や資格取得の有能感が内発的動機付けにつながると考えられる（Deci, 1975；山下, 1996；関本, 2005）。この結果から日本のホワイトカラーは資格の間接的かつ長期的なメリットを認識していると考えられる。金銭的報酬に直接つながる昇給や昇進に役立たなくても，資格取得やその学習を通して専門知識の獲得や前向きな姿勢は中長期的な人事評価や安定的な雇用にプラスになると認識されている。

（3）ビジネス学位を考える

　最後にビジネス学位・MBAに関する仮説について検討する。調査結果からは仮説3-1「ビジネス学位・MBAの評価は米国，英国，日本の順で高い」は支持されなかった。3カ国の評価はビジネス学位の各評価項目で高低にばらつきが大きく，米国の評価がすべて高く，また日英の評価が低いとの結果とはならなかったためである。確かに米国でビジネス学位は現在の勤務先や入社に際して，高い有効性がみられたが，昇進や人事評価においては英国と同じ，転職では3カ国中最も低い評価であった。仮説3-2「ビジネス学位・MBAは米英では転職に有効な資格である」についても，日本が最も高く，英国，米国が続くという予想外の結果となり，仮説は支持されなかった。

以上，人材育成の方法，資格の有効性，ビジネス学位の有効性という，3つの仮説についての結果は次のようにまとめられる。第1の人材育成については，日本のOJT重視と米英の研修・資格重視がみられることから概ね支持された。第2の資格の有効性については米国で昇給に有効，日本の間接的効用による取得理由については支持されたが，日本の新卒採用と英国で昇給に有効，は支持されず部分的な支持となった。第3のビジネス学位の有効性については，その評価と転職への有効性で米国が優位であると想定されたが，いずれも支持されない結果となった。

日米英のホワイトカラー資格とビジネス学位

（1）日本のホワイトカラー資格とビジネス学位

　ここでは調査および仮説検証の結果から，日米英のホワイトカラー資格とビジネス学位の特徴を整理し考察する。人材育成方法の評価では米英に共通点が多く，日本との差異が目立ったものの，資格やビジネス学位を含めて全体をみると，日本だけが特異であるとの結果にはならなかった。

　人材育成の方法としては，OJTやジョブ・ローテーションの評価が高く，長期的育成を重視することに日本の特徴が現れている。資格については，日本のホワイトカラーは入社，給与，昇進において資格が有効とは考えておらず，知識技能が社会的に認められることにその有効性を見出している。しかし，資格取得の意向は米英より高いことから，日本では資格に間接的かつ中長期的な有効性が存在すると考えられる。

　さらに日本のホワイトカラーがビジネス学位を転職に有効と評価したことは興味深い。これはビジネス学位を取得する層が社会人，主に中堅若手層で転職の経験や関心があることが影響していると思われる。日本でビジネス学位が評価される業界は米英以上に金融・保険業界に集中している。また評価が高い職務部門は経営・企画と経理・財務であり，専攻においても戦略・企画，財務・会計が高い。これらの結果から，ビジネス学位は経営戦略や企画に対して有効

との認識が強いことが明らかになった。

(2) 米国のホワイトカラー資格とビジネス学位

　米国のホワイトカラーは人材育成の方法として企業研修を重視するが、OJTも高く評価しており、この2つが育成の中心である点は日米英に共通している。資格取得は日本に比べて重視されている。現在の資格や今後の資格の有効性は給与をはじめ昇進や転職に有利となる点を最も高く評価し、直接的かつ短期的な資格の有効性が認識されている。

　今後取得したい資格では経理・財務と経営・戦略に加え、情報、人事・労務もあげられ、資格対象の広がりがみられる。2番目に取得したいとの結果も考慮すると、外国語の資格取得を希望していることは日本と共通し英国とは異なる点である。

　ビジネス学位については入社に有効との評価が高いが、昇進や人事評価では高くならず、現在の仕事の評価にはつながっていない。したがってビジネス学位は入社に役立っても、その後の仕事の評価には必ずしも有効とは言えない。ここから米国のホワイトカラーはビジネス学位に対して現実的かつ妥当な評価をしていることがうかがえる。ややもするとMBAなどの学位は転職、評価、昇進いずれにも有効とのイメージがあったが、その有効性は限定的であることが判明したことは意義深い。評価の高い業界、部門において、日英と大きな違いはみられないが、専攻内容で財務・会計、情報科学が高いことは米国の特徴である。

(3) 英国のホワイトカラー資格とビジネス学位

　英国のホワイトカラーは人材育成の方法として、まず企業研修を、次にOJTを重視している。さらに英国の特徴は資格取得をかなり重視している点に現れている。この資格重視は、研修の内容からもうかがえる。資格の有効性について、英国が特に高いといった結果は出ていないものの、日米に比べて昇進に役立っていることが評価されている。今後、取得したい資格についても日米と同様に、経理・財務、経営・戦略、情報系が高く、英国独自の特徴はみられない。

　ビジネス学位の有効性や評価が高い業界・職務部門は日米とほぼ同様の結果

である．英国では業界では金融・保険が，職務部門では経営・企画，経理・財務が日米と同様に役立つ業界や部門とされた．しかし，それと同時に，サービス業や製造業など他の業界や総務，営業・販売など他の部門の評価も相対的に高い．ビジネス学位が評価される業界や部門が多くの業界や部門に広がっていることが英国の特徴である．

　幅広い業界や部門でビジネス学位が評価されているのは，それが金融・財務や経営・企画部門向けのものであるといった固定観念が希薄なためであろう．同様な傾向はビジネス学位で評価の高い専攻にも現れている．財務・会計や戦略・企画だけに評価が集中せず，経営科学，経済学，組織・人事などが相対的に高い評価を得ていることは英国での評価の特徴である．米国で発展したMBAだけでなく，財務や人事等の職務や専門資格に関連したビジネス学位が浸透していることも，その理由の1つと思われる[13]．

8　おわりに

　本章では，日米英3カ国のホワイトカラーを対象に，人材育成，資格，ビジネス学位に関する評価や認識の調査結果が示された．欧米のように伝統的な職業資格が日本には成立しておらず，MBA等のビジネス学位を含めたホワイトカラー資格の比較研究には限界がある．しかし，一定の企業規模，勤続年数の大卒ホワイトカラーを共通の対象とすることで，日米英の人材育成，資格，ビジネス学位の論点について現実的で公正な比較考察を試みた．

　調査結果から，まず人材育成の方法については日本のOJT重視，米国の研修重視，英国の資格重視との特徴が明らかになった．また資格については日本の間接的・長期的評価，米国の直接的・短期的評価，英国の多様な評価がみられた．さらにMBA・ビジネス学位は採用等の評価にとどまり，入社後の仕事や昇進での評価が限定的なのは，3カ国に共通であることが判明した．本研究では日米英での共通な条件設定による調査を実施したことで，人材育成，ホワイトカラー資格，ビジネス学位などについて一定の確認が行われ，知見が得られた．

ホワイトカラー資格は組織内の雇用，評価，育成のみならず，労働市場，社会環境等とも関連し，労働市場や企業ニーズに合致しなければ継続的に活用されず，社会的に浸透しない。今後の課題として，資格の有効性，学位を含めた質の問題，関連要因等について，さらに明確にしていきたい。また，ホワイトカラー資格を共通基盤に，米国，英国，ドイツをはじめとする欧米諸国，中国，韓国などアジアを含め指標となる国の公的資格や専門組織の国際比較研究を進め，グローバル経営と人材育成の進展につなげたい。そうした調査研究を通して，日本のホワイトカラーが自らの職務能力を安定的に発揮し，その保持向上をするための貢献をしていきたい。

注■

1　日経連（1995）は長期蓄積能力活用型，高度専門能力活用型，雇用柔軟型という3つの類型で雇用の多様化を示した。成果主義的な人事制度は1990年代末に現れ，顕在化された能力，短期的な成果を重視し，評価に個人差を付けること，評価結果を賃金に反映し，賃金格差を広げるとされる（中嶋，2008，p.46）。
2　ホワイトカラーとは事務仕事に携わる労働者（小池，1984）で，具体的には管理的，専門・技術的，事務，販売業務の従事者を意味している。ホワイトカラーの取得率が高い資格は「英語検定」（30%），10%以上は「技能検定」「日商簿記検定」「基本情報技術者」であり，ホワイトカラー向け資格の「ビジネス・キャリア検定」は1%弱，「ビジネス能力検定」は約3%にすぎない（宮下，2009，p.68）。
3　田中（2010）によると，ドイツの職業教育・訓練，職業資格の対象にはホワイトカラーも含まれる。
4　英国の人事教育協会（CIPD）（https://www.cipd.co.uk/，2017.3.8），米国の人事管理協会（SHRM，HRCI）（https://www.shrm.org/pages/default.aspx，2017.3.8），カナダの人事専門協会（HRPA）（https://www.hrpa.ca/，2017.3.8）のホームページによる。
5　厚生労働省は，職業能力評価基準とは仕事をこなすために必要な知識と技術・技能に加えて，成果につながる職務行動例（職務遂行能力）を業種別，職種・職務別に整理したもので，採用，人材育成，人事評価，検定試験の基準書などさまざまな場面で活用できるとしている。http://www.mhlw.go.jp/bunya/nouryoku/syokunou/（2017.3.10）
2012年2月時点では，事務系職種のほか，電気機械器具製造業，ホテル業など46業種が整備されていたが，最新の情報（2016年5月現在）では，54業種に増えている。
『2016年版ものづくり白書（2016.5）』経済産業省・厚生労働省・文部科学省による。
　http://www.meti.go.jp/report/whitepaper/mono/2016/honbun_pdf/index.html
　（2017.3.10）

「第2章ものづくり産業における労働生産性の向上と女性の活躍推進」を参照。
http://www.meti.go.jp/report/whitepaper/mono/2016/honbun_pdf/pdf/honbun02_02_03.pdf（2017.3.10）

6　日米教育委員会によると，米国で1974年に約370校だったビジネススクールは，2006年には約1,050校，2015年には1,231校に増え，MBA取得者数も1973年の約3万人から，2006年には約15万人に増加したが，2017年では15.6万人とあまり変わらない。日本では，2003年度に6校（うち会計1校）だったビジネス系専門職大学院は，2006年には42校（うち会計14校）へと急増したが，2015年には46校（うち会計13校）と横ばいの状況である。

7　英国にはロンドン，マンチャスター，クランフィールド大学など世界的に評価されるビジネススクールがあることや米国との関連から，日本以上にMBA・ビジネス学位が評価されていると思われる。

8　調査対象は調査会社の持つパネル（日本481,852件，米国536,000件，英国689,320件）を利用し，調査対象条件に合ったものを回収した。各国400件の回答が得られるよう，日米英それぞれ1,780件，4,000件，2,400件が配信された。そのため文中の回収率（10.0～22.5%）は調査協力候補者に配信し，協力を得られた率（400/配信数）であり，一般の回収率より高めになっている。

9　ジョブ・ローテーションは2番目に重視される方法として，日本（26.5%）は英国（19.5%），米国（17.3%）に比べて高く，同様に2番目としては資格取得が英国（23.3%），米国（17.8%）で高く，日本（9.8%）との違いがみられた。

10　今後取得したい資格領域の2番目として，米国（22.4%），英国（20.0%）では日本（7.6%）以上に経営・戦略系に集中する。

11　2番目にあがる業界で情報通信業が最多なのは共通だが，数値は米国（33.4%），英国（29.0%），日本（23.4%）の順である。

12　本文にあるとおり，1番評価の高い部門は経営・企画と経理・財務に集中したが，2番目としてあげられた評価においては，日本はマーケティング（24.1%），米国は総務（14.1%），英国は物流・仕入（17.6%）の各部門が高く，各国の特徴がみられる。

13　英国の大学院経営学専攻の学位はMBAだけでなく，人事，会計，マーケティングなど各ビジネス分野の専門学位が多くみられる。例えば人事専攻ではランカスター大学の人事・知識マネジメント修士（MSc in Human Resource and Knowledge Management, Management School, Lancaster University）やウォーリック大学の労使関係・人事管理学修士（MA in Industrial Relations and Managing Human Resources, Warwick Business School）などがある。また大学院には専門職業資格と関連するコースも設定されている。

第7章

日米英ホワイトカラー資格の比較

1 はじめに

　日本のホワイトカラーは，どのようにして「仕事をする力」を高めているのだろうか。そして，そのために「資格」はどのような役割を果たせるのだろうか。これらが本章における問題意識である。事務系ホワイトカラーが新卒として就職する場合，配属先は入社後に決められ，担当職務と学習内容との関連性はほとんどみられない。そうであれば日本のホワイトカラーの多くは，入社後，仕事を通して職務遂行能力を獲得していることになる。

　一方，中途採用者が担当する職務はホワイトカラーでも明確であり，その職務領域での経験や専門性が求められる。求人の多い中途採用者を30歳前後とすると，新卒からの5〜10年の職務経験とその間に得られた能力が評価されることになる[1]。この入社後の10年あまりの間に「仕事をする力」が形成され，高められると考えられる。

　国際競争の激化や情報社会の進展などから，1990年代には人材ポートフォリオに基づく雇用の多様化や成果主義的な人事制度が日本に広がった。非正規従業員の増大により，内部労働市場が短期化および外部化する柔軟な企業モデルへと変化した。そのためエンプロイアビリティやキャリアなど個人の主体的な就業意識が重要になってきた。企業においても大学等での専攻，本人の希望や適性が考慮され，事前に仕事を定めた「職種別採用」が導入された[2]。

　採用時から担当職務（職種）を決めておくことは，本人のキャリア計画を明確にするものの，その後のキャリアを限定してしまう面も否めない。新卒者にとっては求められる能力や自分の得意分野がわからないため，まだ将来のキャリア計画は描きにくい。このような仕事とキャリアがどこまで関連性を持つべきかといった問題は，管理職を専門性の確立されたプロフェッションとして捉えることの可否とも関わっている[3]。その中で資格はOJT，教育研修，自己啓発などとともに，仕事とキャリアを関連付ける役割を果たすものと考えられる。

　欧米諸国では伝統的に同業者の専門団体や職種別労働組合が発達し，多くの職業において職務の専門性が確立している。そこからさまざまな職務において

「資格」が活用されている。例えば，英国政府が推進する全国職業資格（NVQ）は就職に不可欠とはされないものの，英国の労働人口2,500万人の23％，約560万人が取得するほど社会に浸透している。また職業資格のほとんどが国家資格であるフランスでは職業資格と学校教育が連動しており，職業資格を取得するための準備教育の多くを学校が担っている（平沼ほか，2007）[4]。さらにドイツでは大学教育を含む職業教育が職業別労働市場を作り上げており，職業団体は職業の凝集性を目に見える形にし，資格は職業の凝集性を高めているとされる（久本，2008）。

日本では企業内労働市場が一般的で，職務遂行の知識や能力の企業特殊性が強いことから，職業資格や職業団体はほとんど発展してこなかった。しかし，1990年代からの，いわゆる日本的経営の崩壊により，非正規従業員や中途採用者が増加するなど正規従業員からなる企業内労働市場に変化（玄田，2008；西村・守島，2009）がみられる。そうした経営・雇用の変化に対応するかのように，労働省（当時）認定のビジネス・キャリア制度（1993）をはじめ，文部科学省後援のビジネス能力検定（B検）（1995），東京商工会議所主催のビジネス実務法務検定（1998）など，ホワイトカラーの職務を対象とする資格・検定が登場した。また2002年から，厚生労働省は事務系職種から製造，サービス業までの幅広い業種において，各業界の協力を得て職務能力評価基準の整備を始めている[5]。さらに，2015年からは東京商工会議所主催のビジネスマネジャー検定も加わった。これらのホワイトカラー資格がどれほど利用されるものになるかはまだ明確にはならない。しかし，このような状況から，ホワイトカラー職務の認定・評価のための環境整備は，徐々に進展していると考えられる。

本章では，まずホワイトカラー職務についての資格の現状，企業での資格の活用，先行研究について概観する。次に日本，米国，英国のホワイトカラー資格の中から人事職務の資格を共通事例とし，その目的，内容，評価方法などについて比較検討し，それらの異同点を考察する。具体的には日本のビジネス・キャリア検定（人事部門），米国人材マネジメント協会による人事プロ資格（PHR），英国人事教育協会の人事実務資格（CPP）を取り上げる。

その後，日米英のホワイトカラーを対象に実施した仕事と資格に関する調査結果から，3カ国のホワイトカラーの資格に対する評価を考察し，それらの国

際比較を行う。最後に事例と調査結果を踏まえ，日米英ホワイトカラー資格の役割と今後の日本のホワイトカラー資格を展望して，本章での結論としたい。

2 ホワイトカラー職務の資格

(1) 資格の社会的意義

　日本で広く知られる資格の中で，ホワイトカラー職務に関連するものとして「英語検定」「簿記検定」「情報処理検定」があげられる。これらはいずれも語学，簿記，情報処理といった特定技能に関する検定である。その一方，人事，経理，営業などホワイトカラーが取り組む職務を対象とする公的資格は「社会保険労務士」「中小企業診断士」「販売士」「ビジネス・キャリア検定」「ビジネス能力検定」などが想定される[6]。

　終身雇用や年功制による人事管理が行われる場合は，就職後に従業員が資格・検定等を取得し，その職務知識や能力を公的に証明する必要性は低いことは明らかである。また内部労働市場から必要な人材を獲得し活用してきた日本では，外部の横断的労働市場や専門職業団体が発達してこなかった。技術・技能の分野においてさえ，資格は職業能力形成の目安で昇進の条件にすぎない。このように資格取得は昇進にプラスになるわけではなく，その有効性は限定的なものである[7]。

　1990年代以降の日本的経営の変容，個人のキャリア志向により，資格の存在意義が高まるとの指摘（安藤，1994；今野・下田，1995；宮下，2001）もみられた。しかしながら，資格の社会的評価は，それらの指摘から15年以上経過した現在（2017.3）でも，さほど変化していないようである。21世紀に入り，中国はじめアジア経済の隆盛，国際競争の激化と日本経済の停滞から非正規雇用など雇用の多様化が進んだ。それらの動きに伴い，職務能力の外部評価制度が求められる状況もみられるものの，資格が職業能力を認定する役割を果たすようになってきたとは言えない。

（2）ホワイトカラーの資格取得の状況

　日本でのホワイトカラー資格の状況を把握するため，2007年10月に企業の正社員400名を対象に調査を実施した[8]。その結果，職務に関わる公的資格を有するホワイトカラーは少数であることが確認できた。資格取得率が最も高い「英語検定」（30%）に続き，取得率が10%以上となったのは「技能検定」「日商簿記検定」「基本情報技術者」に限られ，事務系ホワイトカラー向けと言える資格は「簿記検定」だけであった。このような資格取得の状況は，2017年現在においてもほとんど変わっていない。

　調査結果によると，ホワイトカラー職務の資格とされる「ビジネス・キャリア検定」の取得率は1％弱，「ビジネス能力検定」は約3％にすぎない。ビジネス・キャリア検定はホワイトカラーの職業能力習得を支援するため，労働省（現・厚生労働省）によって1993年に制定されたビジネス・キャリア制度を前身に，2007年に資格となったものである。またビジネス能力検定は1996年から文部科学省後援によって始まった検定で，ビジネス常識，コミュニケーション，リーダーシップ等ホワイトカラー職務に共通な基礎能力の評価を行うものである。

　さらに，日本と欧米など海外のホワイトカラー資格の特徴を探るため，2008年8月に在日外資系企業のホワイトカラー100名を対象とした調査を実施した。在日外資系企業では米英など母国での資格の影響を受けて，資格の先駆的な活用状況などが考えられるためである。回答者の所属する企業の本社所在国は米国が70％と圧倒的で，以下，ドイツ10％，英国4％，フランス3％と続き，90％以上は欧米系の企業である[9]。

　結果として「英語検定」（39%）と「簿記」（14%）の資格取得率が高いのは先のホワイトカラー調査と同様だが，パソコンやIT系はいくつかの資格に分散し，それぞれ5％程度であった。「ビジネス・キャリア検定」は約3％とやや高かったが，外資系企業においても，それほどの取得はみられなかった。

（3）ホワイトカラー資格の評価と活用

　ホワイトカラー職務の資格についての企業側の考え方を把握するため，2007

年6〜9月に情報機器大手企業4社の人事担当マネジャーに対する聞き取り調査を実施した。その結果，①公的資格は技術系の一部資格を除き重視されていない，②現段階でビジネス・キャリア検定（制度）はほとんど活用されていない，③今後は従来以上に資格の活用が見込まれる，との指摘が共通してみられた（宮下，2009）[10]。

さらにホワイトカラー資格についての企業評価を探るため，2008年12月〜2009年1月に金融大手企業2社（信託銀行と証券会社）の人事担当マネジャーに対する聞き取り調査を実施した[11]。事務系ホワイトカラーの採用が多い金融業界は職務の専門性も高く，資格の活用が想定される。これまでの調査対象が主に製造業であった（宮下，2005，2009）ことからも，人材育成が重視され，社会的影響力も大きい金融業界での資格活用の状況を把握することは有意義と思われる。

聞き取りの結果，信託銀行では「ファイナンシャル・プランナー（FP）」「宅地建物取引主任者」「銀行業務検定（財務，税務，法務）」の3つが推奨資格とされていた。また同行の国際部門では「TOEIC」，運用部門・法人部門では「証券アナリスト」，受託財産部門では「年金アクチュアリー」，不動産部門では「不動産鑑定士」が必要な資格としてあげられた。

証券会社では「証券アナリスト」「ファイナンシャル・プランナー」「米国証券アナリスト」がコア資格とされ，全社員に取得が推奨されていた。ほかに「証券外務員資格」は内定段階または入社3カ月以内の取得が必須とされていた。現在（2017年）の状況についても，筆者は数名の金融機関の人事担当者と面談した際に，業務上必要な資格・検定は，内定段階から取得しはじめていることを確認することができた。

限られた調査対象であるが，金融業界における資格の評価として，①業務関連の資格取得が必要とされる，②資格は知識の確認，仕事の質の担保，顧客へのアピールとなる，③資格は評価とは直結していない（評価は職務経験と成果による），以上があげられた。この調査結果から金融業界では，初級段階を主に資格が認定され，業務に活用されていることが確認された。

3 ホワイトカラー資格の新たな役割

　資格とは特定の知識や技能が一定水準に到達していることを証明するものであり，それによって客観的評価さらには社会的信用が得られるものである（今野他，1995；藤村，1997；宮下，2005）。資格に関する先行研究から，資格には知識の確認（安藤，1994），学習・教育の役割，および成果物である商品やサービスの質を評価する役割（今野・下田，1995）がある。これらは取得者の学習成果や能力確認などにみられる一般的な資格の効用である。

　さらにホワイトカラー職務の資格では資格取得者の職務と商品やサービスに直結しない成果を評価する役割もあると考えられる。このように資格は，その取得者の「知識・能力の証明」「学習・教育の効果」「商品・サービスの評価」さらには「職務・成果の評価」という役割を有している（図表7-1を参照）。そして，これら4つの役割は矢印に示されるように資格を活用して循環し，組織と働く人にとって，より良い成果をもたらすものとなる。

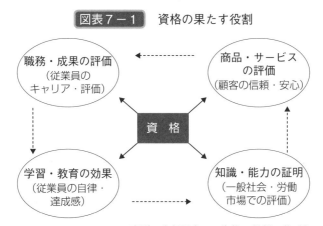

図表7-1　資格の果たす役割

出所：先行研究での資格の役割に基づき，筆者が作成

　これまでの資格に関する研究において，今野・下田（1995）は日本の事務系ホワイトカラーの資格を対象にした貴重な研究成果である。代表的な国家資格

である社会保険労務士，中小企業診断士，税理士を取り上げ，それらの取得者の状況や意義が示されている。またビジネス・キャリア検定の前身であるビジネス・キャリア制度の紹介に加え，組織内仕事士のようなファジー型資格を政府主導でなく，業界などが下から作り上げていくべきであるとホワイトカラー資格の社会的意義と方向性を示唆している[12]。

　藤村（1997）の研究では，ホワイトカラー資格に関連し，ビジネス・キャリア制度創設の意義が示されている。辻（2000）は，日本の公的職業資格制度についての包括的研究を行い，歴史的経緯を記述している。新井（2003）は技能系職務の職業能力評価制度に注目し，英国の資格制度であるNVQとの比較分析をしている。柳田（2004）も英国の資格制度を詳細に検討している。

　木谷（2005）は，企業内プロフェッショナルという概念から，高い専門性を有する企業の社員の重要性を論じている。そこでは従来からの管理職と異なり，自主性を持ちキャリアを考えるホワイトカラーが想定され，ホワイトカラー資格にもつながる考え方がうかがえる。

　堀内ら（2006）は職業高校や専門学校での職業教育に関連し，資格教育と公的資格の取得について現状と課題を概観し，事務系ホワイトカラーのための商業実務分野での資格が受講者数，評価ともに高くないことを指摘している。また米国，フランス，ドイツの商業系教育を概観し，資格の現状を示す有意義な研究成果であるが，企業のホワイトカラーの資格を対象としたものではない。

　阿形（2010）は日本の多様な職業資格を先行研究に基づき分類した上で，資格の効用について統計的に検証し，収入，雇用上の位置づけ，企業規模のいずれにおいても資格の効用はないとの調査結果を示した。しかし，調査対象となった資格は看護師，調理師，訪問介護員，教員免許，危険物取扱者，簿記，珠算など技能系であり，企業のホワイトカラー資格は含まれていない。

　高橋（2011）は中途採用と報酬決定に資格が活用されていることや資格が生涯学習やリカレント教育とともに求められるとしている。谷口（2014）は職業能力評価システムと職業教育訓練について，日本・米国・英国の現状と課題を示している。

　このように先行研究には，資格の意義や効用についてさまざまな観点から，いずれも貴重な成果が示されているものの，それらは日本のホワイトカラー職

務に焦点を当てたものではない。また，それらは経営管理や人事管理の視点や論点に基づくものではない。そのため，ビジネス・キャリア検定など新たな日本のホワイトカラー資格と英米のホワイトカラー資格との比較考察を試みる本研究には一定の意義があると考えられる。

4　日米英の人事資格

　ホワイトカラーを対象とする日米英の代表的な公的資格を取り上げ，その目的，内容，評価方法などを比較検討したい。具体的には日本のビジネス・キャリア検定（人事分野），米国人事管理協会（SHRM）と英国人事教育協会（CIPD）による人事資格を取り上げる。人事職務についての資格（人事資格）を対象にした理由は，その専門性と資格が日米英のホワイトカラー職務いずれにおいても中間的な位置づけにあると考えられるためである。経理職務であれば専門性や資格の確立が明確であり，営業職務であれば，反対に専門性が弱く，資格も成立しない。

　そのようなホワイトカラー職務の中で人事職務は専門性が評価されるが，米英においても資格は必須ではなく発展段階にあり，日本を含めた国際比較が可能であると考えたためである。また人事の仕事は地域や企業の特殊性が高く，海外では現地対応が求められるものの，人事の職能は概ね類似しており，そのための知識や職能において共通点が多いことから，その資格の国際比較にも一定の意義があると思われる。

（1）日本の人事資格

　1993年に労働省（現・厚生労働省）によって制定されたビジネス・キャリア制度は，事務系職務に求められる職業能力習得を支援し，その教育訓練の成果確認のための公的制度である。その後，同制度は2007年度より能力評価のための試験として「ビジネス・キャリア検定」へと改定され，従来以上に公的資格として位置づけられている。同検定の運用・認定主体は中央職業能力開発協会（厚生労働省所管の特別民間法人）である。

ここで人事資格として取り上げるビジネス・キャリア検定の概要については，第5章4（1）で既述どおりであるので，そちらを参照されたい。なお，近年の追加事項として，1級試験の実施については2009年からしばらく休止されていたが，2016年度から，「人事・人材開発・労務管理」，「営業・マーケティング」，「経営情報システム」の3分野で再開されている。再開された「人事・人材開発・労務管理」の1級では従来の枠組みとは異なり，両部門が統合されている。試験は専門分野では2級の範囲に準拠し，マネジメント全般を加えており，また内容も短文と長文の事例問題が中心となっていることが変更点である。また生産管理/ロジスティクスの2分野では，さらにBASIC級が設定されている[13]。

（2）米国の人事資格

　米国の人材マネジメント協会（SHRM：Society for Human Resource Management）については，第5章4（2）でも既述であるが，概要として，1948年に創設され，世界140カ国に25万人以上の会員を擁する専門組織である。人事スタッフや専門家（HR professional）に対して最新かつ適切な資源を提供し，会員や関係機関とのパートナーシップ構築，専門知識の共有などの要請に応えることを使命とし，さらに人事管理の戦略的役割を推進し，組織の有効性を高める役割も果たしている[14]。

　米国人材マネジメント協会（SHRM）は人事資格を認定する独立組織として，1973年に人事資格認定機構（HRCI:Human Resource Certification Institute）を設立し，1976年より資格試験を実施した。全世界の資格取得者は12万人とされる。ここで米国の人事資格として取り上げる同協会の人事資格は「人事プロ」（PHR: Professional in Human Resources），「上級人事プロ」（SPHR: Senior Professional in Human Resources），「国際人事プロ」（GPHR: Global Professional in Human Resources）の3種類で，いずれも資格の認定主体は人事資格認定機構（HRCI）である。2007年より，カリフォルニア州向けのPHR-CA, SPHR-CAが加わっている[15]。

　この人事プロ（PHR）と上級人事プロ（SPHR）の内容は2012年当時と現在

(2017年）でも同じであり，継続されている（図表7－2を参照）。

国際人事プロ（GPHR）の試験問題（構成比）は「戦略経営管理（26%）」「国際人材獲得と異動（22%）」「国際給与と福利厚生（18%）」「組織管理と人材育成（22%）」「雇用管理とリスクマネジメント（12%）」の5領域で人事プロ・上級人事プロ試験とは構成が異なっている。

図表7－2　米国人材マネジメント協会の人事資格

検定試験の6領域 (Exam Content Six Functional Areas)	人事プロ (PHR)	上級人事プロ (SPHR)
経営管理と戦略 (Business Management and Strategy)	11%	30%
人材計画と雇用 (Workforce Planning and Employment)	24%	17%
人材開発 (Human Resource Development)	18%	19%
給与と福利厚生 (Compensation and Benefits)	19%	13%
就業管理と労使関係 (Employee and Labor Relations)	20%	14%
リスクマネジメント (Risk Management)	8%	7%

出所：HRCI, 2012および2017

（3）英国の人事資格

①　英国人事教育協会と会員制度

英国における人事職務の代表的資格として人事教育協会（CIPD: The Chartered Institute of Personnel and Development）の人事資格がある。人事教育協会（CIPD）とはその名称が示すとおり，人事管理と人材開発に関する英国で最古の専門組織であり，前身である1913年設立のWWA（Welfare Workers' Association: 労働者厚生福利協会）以来の長い歴史を有している。現在の名称となったのは2000年からで，120カ国以上4,000人あまりの海外会員を含め，全世界で14万人以上の会員を擁する組織である。

英国人事教育協会（CIPD）は個人，雇用者，組織全体の利益になるよう，人事管理と人材育成を進展させ，人事教育の発展に寄与し，当該分野をリードし，影響力を有する専門組織を目指している。また会員に対しては，専門情報の提供や各種連絡，キャリアサポート，ネットワーキング支援，会員割引など

を提供しており，人事資格の認定・授与も同協会が果たす役割の1つである。英国人事教育協会の人事資格は日本の資格と異なり，試験を受け資格を取得したら終了とはならない。会員制が基盤となっており，人事資格の取得は会員となるための前提の1つと考えられる。

英国人事教育協会の会員になるためには複数の方法があり，どの方法を取るかは学歴や職歴等によって異なる。同協会が実施する教育プログラムを受講することで，入門資格が取得できる。また5年以上の管理職経験があり，すでに上級レベルの人事教育業務に従事していれば審査認定（PAC: Professional Assessment Competence）が適している。関連する修士学位やMBA取得者が会員になれる方法やNVQ（全国職業資格）やCIPDの他の資格により，認定を受ける方法もある。

英国人事教育協会の会員は専門会員（チャータード：Chartered Membership）と一般会員（ノン・チャータード：Non-Chartered Membership）の2つに大別され，専門会員は人事資格の取得が前提となるので，人事資格の取得が関連するのは一般会員である。一般会員には，アフィリエート会員（Affiliate membership：賛助会員），グラデュエート会員（Graduate：学生会員），アソシエイト会員（Associate Membership：準会員）の3種類がある。アフィリエート会員は専門情報やサービスの提供を受けるための会員なので資格取得者の対象にはならない。したがって，アソシエイト会員，グラデュエート会員が同協会の人事資格を取得した会員であり，本研究での比較対象となり得る[16]。

② 英国の多様な人事資格

会員の種別を概観したとおり，英国人事教育協会（CIPD）の人事資格は会員制度を前提にしているが，本研究では日米の人事資格との比較を考慮するため，主に人事資格の内容や方法に着目したい。英国人事教育協会が授与する資格の種類には，サポート資格（Support-level qualifications），トランジショナル資格（Transitional-level qualification），プラクティショナー資格（Practitioner-level qualification）の3種類がある。この中でトランジショナル資格とは，修士学位や英国人事教育協会の資格取得者を対象にビジネス関連プ

ロ学習証明書（CBAAPS: Certificate in Business Awareness and Advanced Professional Study）に基づき，資格認定するものであるため，比較対象からは除外し，サポート資格，プラクティショナー資格について検討していく。

サポート資格は人事教育分野でのキャリアを築き，発展させたい人を対象にするもので，人事職務の入門資格と位置づけられ，「人事実務認定（CPP：Certificate in Personnel Practice）」「教育訓練認定（CTP：Certificate in Training Practice）」「採用選抜認定（CRS：Certificate in Recruitment and Selection）」「雇用管理・労働法規認定（CERLAP：Certificate in Employment Relations, Law and Practice）」の4つがある（図表7－3を参照）。それぞれ人事の代表的な領域であり，いずれもの資格も人事・教育スタッフをはじめ，ラインマネジャーや事務スタッフを取得者の対象としている。これらの資格の前提として，コミュニケーション，自己管理，仕事内容の理解，関連法規という共通要素の学習が含まれている。

プラクティショナー資格とは，人事教育のプロフェッショナルに必要な知識や能力を規定した英国人事教育協会のプロ基準（Professional Standards）に基づく資格である。プロ基準の学習プログラムであるプロ開発体系（PDS：

図表7－3　英国人事教育協会の人事資格

サポート資格認定プログラム (Certificate-level programmes)	各認定の内容 (Performance indicators)
人事実務認定 (CPP：Certificate in Personnel Practice)	人事計画と組織的な役割，募集と選抜，教育訓練，業績管理と雇用管理
教育訓練認定 (CTP：Certificate in Training Practice)	教育訓練，学習ニーズ，教育と評価設計，教育実施と評価
採用選抜認定 (CRS：Certificate in Recruitment and Selection)	採用選抜と情報システム，採用プロセス，選抜プロセス，法規・倫理・プロ基準
雇用管理・労働法規認定（CERLAP：Certificate in Employment Relations, Law and Practice)	実施と関連要素，雇用契約の締結，雇用管理，退職管理

出所：CIPDのホームページ2009（http://www.cipd.co.uk/mandq/routes/educate/support.htm）に基づく

Professional Development Scheme）には４分野の学習が含まれている[17]。

（４）日米英人事資格の比較

① 受験者と会員数の比較

　日米英の人事資格の歴史や位置づけは大きく異なるが，まず客観的で共通な指標として受験者や資格取得者数などの規模から比較したい。日本のビジネス・キャリア検定（制度）の受験者はホワイトカラーの職務全体で，前期後期を合わせて約２万2,000人（2010年実績）であり，人事資格に相当する「人事・人材開発」「労務管理」１～３級の全受験者数が約6,000人ほどである。このように年間受験者が約２万人，合格者が約１万人という実績は近年（2014-2015年度）においても同様である。1994年来，20年以上もの実績があり，主催する中央職業能力開発協会ホームページ（2017）によると，のべ受験者数が45万人を超えている。

　米国の人事資格検定であるPHR等の受験者数は年間25,000人ほどで，資格取得者の累計は2012年時点で，総合計10万人以上であった。比較研究のため情報収集した2008年３月と2016年１月のデータから受験者数の推移をみると，人事プロが５万2,000→８万4,000人，上級人事プロが４万→５万4,700人，国際人事プロが1,000→1,800人，全体では９万3,000→14万2,000人へと増加している[18]。

　英国人事教育協会による人事資格は，会員資格が管理単位であり，日米の資格のように明確に資格の受験者や取得者数を把握することはできない。会員数約13万5,000人から，資格を取得しないアフィリエイト会員を除くと，資格取得者に該当するのは約10万人強と推測される[19]。同協会で得た情報によると，サポート資格であるアソシエイト会員が１万3,000人弱，少なくとも１つのプラクティショナー資格を持つ旧ライセンス会員が２万1,000人，４つすべてのプラクティショナー資格を持つ旧グラデュエート会員が２万人と見込まれる。さらに，これらの資格をクリアしたチャータード会員が５万人とされる[20]。これらの会員数から資格取得者数を算出すると，サポート資格だけの取得者は１万3,000人，部分的なプラクティショナー資格取得者は２万1,000人，すべてのプラクティショナー資格の取得者は７万人と推定される。英国で人事資格取得者だけを比較することは難しいが，人事担当者の資格取得率が高いことは明

らかである。

② 人事資格の内容比較

　人事の職務内容としては，戦略，計画（企画），雇用，賃金（報酬），人材開発，安全衛生・福利厚生，労使関係等と日米英それぞれの括り方に違いあるが，人事職務の領域としては共通している。法規制，業界，個々の企業の経営戦略や業務慣行などを考慮すると，さらに実践的な検討を要するものの，人事の役割としては各国ほぼ同様であることがうかがえる。

　米国の人事資格の受験前提となるエグゼンプト・レベルは，人事スタッフとして定型的な仕事が任せられる段階に相当する。日本企業では新卒で人事部に配属され，5年程度の経験を積んだ主任クラスが対象層に該当すると思われる。米国人事資格の特徴として，認定主体を独立組織（HRCI）として公的資格としていることや資格を有効に維持するためには講習受講など協会との継続的な関わりが求められることがあげられる。

　英国の人事資格では，人事，教育，採用，雇用と4つに分かれたサポート資格のほうが日米の人事資格に共通する点が多いようである。プラクティショナー資格は人事という枠を超えて，戦略，組織，リーダーシップ，学習などの内容を含み，経営や戦略に関連する内容が多く含まれている。また英国の資格取得には筆記試験だけでなく，レポートやプロジェクトなどOJT的な要素も含まれ，総合的に評価されている。こうした評価方法は資格の有効性を高めており，英国の資格の大きな特徴となっている。

　日米英の資格制度を比較すると，資格取得だけで完結する日本の資格と，専門組織の会員制度と一体化し，継続的に会員であることを前提とする英国や米国の資格とは大きく異なっている。

③ 人事資格の歴史と運用

　人事業務の共通性から，これら日米英の代表的な人事資格はその評価対象となる項目や内容においてはさほど大きな違いはみられない。しかし，資格取得者数，該当職務従事者の取得率，社会的な位置づけでは日本と米英との違いは大きい。日米英でそれぞれ1994年，1976年，1965年に始まった資格の歴史が違

うように相違点はみられる。日本では資格や免許はいったん取得したら、その後もずっと有効なものが多いが、米国の人事資格の有効期限は3年、英国の資格は会員であることが条件となっている。このような違いは企業経営や人事管理だけではなく、社会、職業、雇用、教育のあり方など多くの制度や慣行が関わって生じてきたものと考えられる。

　英国では1913年、米国で1948年にそれぞれ人事・教育の専門組織が創設されており、専門組織や会員制度としては、それぞれ104年、69年ほどの歴史を有する。このようにホワイトカラーの公的資格のあり方を検討するためには、会員制度を含めた専門組織や専門職務（プロフェッション）をも考慮することが不可欠となる。

　さらに今後のホワイトカラー資格のあり方を考える上で重要と思われるのは、ビジネス関連の資格と大学・大学院の学位との連係である。MBAはすでに代表的なビジネス修士学位であり、同時にグローバルなホワイトカラー資格とも言えるが、今後、MBAにとどまらずホワイトカラー職務に対応するビジネス修士が専門資格や職業資格と連係することで、ホワイトカラー資格の新たな展開が考えられる。これは大学・大学院レベルで一般教育と職業教育の融合が図られることを意味する[21]。

　これまで日本では職業能力やその育成は企業に任されてきたこともあり、大学をはじめとする高等教育機関や一般社会においても、職業教育はあまり重視されてこなかった。今後、企業の人材育成の役割が低下すると、公的な職業教育の必要性が高まると思われるが、現段階ではそうした社会的要請が明確になっているとは言えない。ホワイトカラー向けの公的資格が今後どう展開され、人材の活用や育成にどう関われるかについてはまだ不透明であるが、大学・大学院と資格が連係した職業教育が重要になると考えられる。

5 日米英ホワイトカラーの取得資格

(1) 日米英調査の概要

日米英ホワイトカラーの資格に対する評価や考えを明らかにするため，2009年12月に，調査会社が有するネットワークによりアンケート調査を実施し，各国400人ずつ計1,200人からの回答を得た。回答者は30人以上の従業員を有する企業に，2年以上勤続し「人事・労務」「経理・財務」「営業・販売」「情報システム」に所属する従業員で，各部門100名に調査協力をしていただいた[22]。

日米英では言語はもとより，資格，人事制度など多くの条件が異なるため，厳密な比較は難しいが，企業規模や対象部門を揃えたことで相対評価などの結果に一定の意義を見出すことはできよう。調査結果については，回答者の概要，資格の有効性，人事担当の取得資格（自由記入）の順にそれらの概要と結果を示したい。

日米英回答者の平均として，40歳前後，勤続13年前後，従業員規模は数百人程度とプロフィールはかなり共通していることがうかがえる。規模と勤続年数に人事・経理・営業・情報の4部門を有する企業との条件が加わり，同様な規模の企業に勤める回答者が多くなったのかもしれない。

回答者の平均年齢が40歳前後ということもあり，課長クラスかそれ以上，または専門職の役職者が過半数を超えている。日本は米英に比べ，役職に就いていない人（24%）や係長クラス（26%）が多い一方，米英では専門職（23-31%）が多く，その違いは際立っている[23]。

(2) 資格の効用

「『資格』がどのように役立っているか」という資格の評価結果を検討する。この結果はすでに第6章5（2）で示されているため，概観にとどめる。取得した資格の評価は，3カ国でかなりの差異がみられる。特に「評価・昇進にプラス」で日本の評価（11%）は，米英（36-41%）に比べ格段に低い。日本で高

い評価を得たのは「知識技能の社会的評価」(47%),「担当業務に必要」(43%)である。米国は給与（42%）や昇進（36%），社会的評価（34%）で資格が役立つとし，英国では昇進（41%）と担当業務に必要（33%）の評価が高い。

「今後の資格取得がどう役立つか」との結果（図表7-4を参照）からは，日米英の違いがさらに明確に表れた。日本では資格を取得した場合,「転職」「異動」「給与」「昇進」で有利になると評価したのは2～3割と低く，明らかに役立つとされたのは「社会的評価」だけである。一方，米英では「給与」「転職」「異動」「昇進」で有効との評価が4～6割と，日本の2倍程度となり，資格の効用が高く評価されていることがうかがえる。

資格についての一般的な認識やこれまでの調査結果（宮下2005, 2009）を裏付けるように，日本では資格に雇用・評価・報酬面でのメリットはあまりみられない。資格の直接的な効用が低いことは日本で資格が浸透しない大きな理由の1つと考えられる。

このように資格が評価されたが，どの資格を想定しての評価であろうか。保有資格についての回答をみると，日本では「簿記」，次いで「情報処理」「税理士」「ファイナンシャル・プランナー（FP）」が多く，既述のホワイトカラー資格の調査結果と符合する。米国は4部門計ではMBAを含む「修士学位」が多いが，各部門では人事は「SHRM（人事プロ資格）」，経理は「CPA（公認会計士）」，情報はマイクロソフト（MS）等「IT資格」の専門資格が最多であった。英国も人事は「CIPD（人事資格）」，経理は「CA/ACCA他会計士資格」，情報は「MS/Cisco他IT資格」と各部門で修士学位より専門資格がはるかに多くあげられた。

(3) 取得資格と取得したい資格

次に，現在持っている資格と今後取得したい資格の結果を概観する。まず「仕事をする上で役立つ資格を持つか」との質問に対しては，日米英とも5割前後が「持つ」と同様な結果となった。日本のホワイトカラーは，たとえ就職や昇給に有効でなくても，資格を持っているとする割合は米英と変わらなかった[24]。

また「今後取得したい資格があるか」については，日本が8割以上と，米英

図表7-4　今後資格を取得した場合，どう役立つと思うか

単位：％，（　）内は実数

	転職で有利になる	異動で有利になる	給与面で有利	評価・昇進にプラス	知識技能の社会的評価	その他	回答者（人）
日　本	28.7	31.7	19.6	14.2	56.8	3.9	(331)
米　国	56.3	50.0	63.5	39.1	30.2	1.0	(192)
英　国	42.9	44.3	43.8	45.7	23.8	6.2	(210)
3カ国平均	40.0	40.1	38.1	29.7	40.4	3.8	(244)

出所：筆者の調査結果（2009）に基づき作成　　数値は％

の5割前後に比べ高い結果が示された。資格の効用の評価が低かったことから意外ではあるが，日本のホワイトカラーの自己啓発意欲や向学心が高いことから，資格取得が学習目標になっていることが考えられる[25]。

　今後取得したい資格の領域では，経理・財務系が1位となり，経営・戦略系，情報系が続いた。この傾向は日米英3カ国で共通である。日本の特徴としては，経理・財務の次に，外国語が高く，人事・労務系，経営・戦略系，情報系となる。米英では1，2位ともに経営・戦略系が高く，これはMBAを含むビジネス系修士学位の影響と考えられる。自由記入で取得を希望する資格として，米英でMBAが多くあげられたこともこの結果を裏付けている。また資格の効用と取得したい資格の結果には知識技能の評価や担当業務への必要性がみられることから，資格は「仕事をする力」に間接的にプラスになっていることが考えられる。

6　おわりに

　本章では日本のホワイトカラー資格の現状を概観し，ビジネス・キャリア検定等の資格が未活用なことを確認した。また日米英ホワイトカラー資格の国際

比較に基づき，資格制度の背景や意義について考察した。ホワイトカラーのための公的資格は人材育成や評価のみならず，経営方針や組織風土，さらには労働慣行や労働市場との関連も強く，その真価を発揮させるには，その存在意義やあり方についての根本的な検討が求められる。

米英ではホワイトカラー職務においても専門組織が歴史的に発達してきており，その会員制度を基盤に，そこから生まれたホワイトカラー資格が機能している。日本でもエンプロイアビリティや成果主義の進展から，外部でも通用する能力がこれまで以上に重視され，ホワイトカラー向けの公的資格の意義や必要性について論議・検討される機会が増えつつある。

今回，対象とした日米英の人事資格を比較すると，その対象分野や内容にはかなりの共通点がみられる。しかし，実際に資格を活用する上では，労働市場のあり方や社会的慣行，企業の人事・雇用制度など，資格を取り巻く環境やその運用には大きな違いがある。

米英のホワイトカラー資格のように，日本で同様な専門組織が設立され，会員制に基づく資格を展開することは今後も難しいだろう。そのため，現在のビジネス・キャリア検定のように公的機関が主導的にホワイトカラー職務を体系化し，資格を設置・運営する方法も現実的なあり方の1つと考えられる。厚生労働省の職業能力開発基本計画において職業能力評価に関わるインフラの充実（第7次），教育訓練と連携した職業能力の評価システムの整備（第9次）など，資格にもつながる職業能力評価整備の方向性がみられる。しかし，どのような形であれ，ホワイトカラー（個人）と管理者（企業）双方にとって，真に有益な資格や制度にできなければ社会に浸透し活用されるものとはならない。

今後の改善策の1つは現場と企業・業界を重視し，職務経験やOJTを通して，実践的な資格認定を実現することであろう。人事，経理や購買など職能別だけでなく，情報通信，金融やホテルなど業界別での資格や評価基準を検討することも考えられる。その際，米国，英国をはじめ海外の職業資格やMBA等ビジネス修士学位も研究すると同時に，日本社会に適合する資格や制度のあり方を十分に検討することが必要である。さらに，もう1つは国家的な見地から職業教育をこれまで以上に重視することであろう。このような取組みにより，国家レベルで「仕事をする力」が継続的に高められることが期待される。

新たな公的資格の枠組みや制度運営は労働者（労働組合）や企業（業界・財界）に任せるだけでは進まない。ホワイトカラー職務能力の社会的な育成，評価，認定の実現をすることは，日本の「仕事をする力」の保持，向上につながるはずである。そのためにどのようなホワイトカラー資格が有効となるだろうか。労働市場や社会慣行を踏まえ，産業界，教育界を含めた国家戦略としてのホワイトカラー職務能力育成への取組みが求められている。

注■
1　総務省統計局の労働力調査（p.54, 2012.2.20）によると，近年（2007～2010年）の年齢階級別転職者数は，25～34歳が90～100万人と最も多く，次いで15～24歳と35～44歳が約70万人，45～54歳が40～45万人，55～64歳約40万人となっている。ある大手企業の中途採用担当者は「25歳から35歳までが募集の対象。本音をいえば27歳から33歳までが望ましいですね」と述べている。このコメントは日本企業の中途採用の対象となる人材の年齢層を端的に示している。

2　近年の職種別採用導入率はおよそ3～5割という調査結果がみられる。例えば社会経済生産性本部の調査（2004）では47.8％，雇用管理調査（2004）では，1,000～4,999人の企業で32.8％，5,000人以上34.6％，である。一部でもあれば導入に含まれるため，事務系大卒での実質的な対象者の比率はこれらの数値より相当低くなると考えられる。

3　マネジメントがプロフェッショナルかどうか，についてはドラッカーなどの肯定論者とミンツバーグをはじめとする否定論者がいる。ビジネススクールはマネジメントがプロフェッショナル（プロフェッション）であることを前提としているが，ミンツバーグ（Henry Mintzberg, 2005）は現在のビジネススクールはマネジャー育成に有効ではないと主張している。

4　平沼ほか（2007）では，民間任せであった職業能力認証について，英国政府が歴史上はじめて国策として推進してきた資格がNVQであり，強制力なき完成標準と論じている（pp.75-80）。またフランスについても，職業教育・訓練において学校教育と徒弟制度によるものがあり，徒弟制度は職業資格取得を目的とし，資格取得の準備教育の多くは学校教育で行われるとする（pp.109-110）。つまり職業資格が学校教育と徒弟制度を繋ぐ役割を果たしている。

5　厚生労働省によると，職業能力評価基準とは仕事をこなすために必要な知識と技術・技能に加えて，成果につながる職務行動例（職務遂行能力）を業種別，職種・職務別に整理したものであり，採用，人材育成，人事評価，検定試験の基準書などさまざまな場面で活用できるものとしている。事務系職種のほか，電気機械器具製造業，ホテル業など平成24年2月現在では46業種が整備され，現在（2017年9月時点）では，54業種275職種が完成

している。厚生労働省ホームページ「職業能力評価基準について」http://www.mhlw.go.jp/bunya/nouryoku/syokunou/（2017.3.1）および，経済産業省ホームページ「2016年版ものづくり白書（PDF版）http://www.meti.go.jp/report/whitepaper/mono/2016/honbun_pdf/index.html（2017.3.1）に基づく。

6　社会保険労務士は厚生労働省，中小企業診断士は経済産業省が管轄する国家資格である。販売士検定は日本商工会議所，ビジネス・キャリア検定は中央職業能力開発協会，ビジネス能力検定（文部科学省後援）は一般財団法人職業教育・キャリア教育財団が主催する公的資格である。

7　資格の有効性については，就職や人事関連誌などで採用担当者や人事マネジャーによりしばしばコメントされている。それらの多くは採用や評価には直結しないというものである。専門機関による資格についてのコメントの1つには「事務系については職業能力の証明としての資格は限られ，組織内で資格取得が報われることは少なく，技術系でも資格取得は昇進へのミニマムのハードルでプラスになっていない」がある（pp.95-96，労働政策研修機構，2007）。筆者の聞き取り調査（p.68, 宮下，2009）でも同様な評価を得ている。

8　2007年10月，ネットによるアンケート調査を専門機関に依頼して実施した。アンケートの配信対象者は同組織が有する協力パネルで，20〜59歳の会社員を対象とし，25,000件を配信，2,069件の回答アクセスから，対象外を除き，400件の回収を得た。

9　2008年8月，先の調査と同様に専門機関に依頼しアンケート調査を実施した。対象者も同様に20〜59歳の会社員であるが，勤務先は在日外資系企業とし，100件の回収を得た。なお，英国，米国両国の正式名称は，グレートブリテンおよび北アイルランド連合王国（UK: United Kingdom of Great Britain and Northern Ireland），アメリカ合衆国（USA: United States of America）であるが，本論文では，それぞれ英国，米国と一般的な名称で表記している。

10　この聞き取り調査と結果については，宮下（2009）pp.67-68に記されている。

11　筆者の勤務（当時）する首都大学東京で採用活動をしていた金融大手5社に依頼し，2社から協力をいただき，聞き取り調査を実施することができた。これまでも銀行協会など業界独自の研修，資格があることから，金融業界では事務系ホワイトカラーの専門性重視はうかがえた。しかし，異動があるため，特定領域の専門家ではなく，金融マンとしてのゼネラリスト育成が一般に志向されているという。

12　今野・下田（1995）pp.164-165は，ホワイトカラーが専門的な業務のプロとして働き続ける「組織内仕事士」をホワイトカラーの主要な働き方の1つとし，そのためには職業能力を的確に評価し，表現する資格制度の整備が不可欠であると論じている。

13　ビジネス・キャリア検定試験の概要は同検定を主催する中央職業能力開発協会のホームページに詳しい。(http://www.javada.or.jp/jigyou/gino/business/)（2017.3.5）2009年以降，1級試験は当面の間，休止とされていたが，2016年度より，一部復活している。2016年11月時点での中央職業能力開発協会ホームページに基づく。

(http://www.javada.or.jp/jigyou/gino/business/business-gaiyou.html）(2016.11.11)

14 米国の人材マネジメント協会（SHRM：Society for Human Resource Management）の概要については，同協会のホームページを参照のこと。(http://www.shrm.org/about/Pages/default.aspx)（2017.3.8）ホームページ表紙には会員制についての項目があるが，人事資格については掲載されていない。

15 人事資格については，人事管理協会（SHRM）とは別に，人事資格認定機構（HRCI）のホームページに，"HR Certification"として記されている。(https://www.hrci.org/)（2017.3.8）

16 英国の人事教育協会（CIPD：The Chartered Institute of Personnel and Development）の概要は同協会ホームページを参照のこと。http://www.cipd.co.uk/　（2017.3.10）　ホームページの冒頭ではまず会員制（Membership）についてが前面にあり，資格（Qualifications）はその一部となっている。

17 英国人事教育協会の会員制は2010年6月より新会員制に移行が始まっている。旧制度との違いは，NVQ等の全国職業資格の体系とのリンクしたことと，それにより大学等学校教育による資格との連係を強めており，従来以上に会員になる方法が多様化している。新会員制に伴い，CIPDの人事資格も2011年より新資格となっている。新制度では上級（Advanced），中級（Intermediate），初級（Foundation）と3段階に分かれ，内容は人事（HR：Human Resource）と学習・開発（L&D：Learning and Development）に大別され，単位数に応じて取得資格名も，学位（Diploma），検定（Certificate），賞状（Award）と3つとなり，これまで以上に多様な資格となっている。(http://shop.cipd.co.uk/shop/cipd-training/cipd-certificates-and-diplomas)（2017.3.11）。本文では，調査や分析の一貫性もあり，調査時の旧制度による記述をしている。なお，これら日本語での資格名は便宜的に記しているものである。

18 資格制度を実施管轄するHRCIのホームページ（2016）による。
https://www.hrci.org/our-programs/what-is-hrci-certification/exam-statistics（Nov.12, 2016）

19 2016.10付けのCIPDのホームページでは，会員総数は14万人と示されている。新制度ではPDSに代わる新たな重要コンセプトとして，HR Profession Map（人事プロ職務マップ）があり，そこに人事担当に必要な知識，行動，スキル，キャリアの枠組みが示されている。

20 英国の会員資格ごとの会員数や資格取得者数については，2009年1月にCIPDへ問合わせて得られた情報によるもので，旧会員・資格制度に基づいている。

21 英国の大学院経営学専攻の学位には，MBAのみならず，人事，会計，マーケティングなど各ビジネス分野の専門学位が少なくない。例えば人事専攻であれば，ランカスター大学大学院の人事と知識マネジメント修士（MSc in Human Resource and Knowledge Management, Management School, Lancaster University）やウォーリック大学大学院の労使関係・人事管理学修士（MA in Industrial Relations and Managing Human Resources,

Warwick Business School）をはじめ，多くの大学院で修士学位が授与される。最近はCIPD資格取得を掲げるプログラムもみられる。

22　本稿では資格について取り上げるが，同調査では人材育成，人事評価，ビジネス修士学位についても質問がなされた。

23　日米英の回答者の年齢はそれぞれ40.8歳，43.4歳，38.9歳，勤続年数は13.7年，14.3年，12.5年である。勤務先業種は日本は製造業が3割弱と高く，サービス，金融，卸売小売が15％程度で続き，米英ではその他が25％強と高く，情報通信，金融が15％前後，製造は8％程度である。

24　「役立つ資格を持つ」との日米英回答者の割合は，それぞれ47.0％，48.8％，56.2％である。

25　「今後取得したい資格がある」との日米英回答者の割合は，それぞれ82.7％，48.0％，52.5％である。

終章

ホワイトカラー資格への期待

1　ホワイトカラー資格の展開と課題

(1) ホワイトカラー資格の発展

　本書は，これまでの「ホワイトカラー資格」に関する調査・研究の成果に基づき，各章で紹介してきた。外資系企業における専門性を取り上げた2002年の論文をはじめ，2005年の営業プロフェッショナルの論文では，資格の前提といえる職務の専門性に焦点を当てている。はじめてホワイトカラー資格を意識した論文は2005年の論文であり，そこからでも10年以上が経過している。

　この間，ホワイトカラー資格そのものは成立せず，ホワイトカラー向けの資格もそれほどは注目されてこなかった。しかし，社会人基礎力を教育・研修に導入する大学と企業，ビジネススクールをはじめとする社会人大学院が増加するなど，ホワイトカラーの職務能力やキャリアへの関心は高まっている。2011年からの中教審答申案として，キャリア教育と職業教育の重視という方向性が示されたこともあり，大学は徐々に職業教育への取組みを本格化させている。さらに，2016年に示された答申での「専門職業大学」という実践的な職業教育を行う新たな高等教育機関は今後のホワイトカラー資格の実現にも深く関わることが予想される。

　このように，現在の日本では「ホワイトカラー資格」の必要性はまだ顕在化していないが，今後キャリア教育・職業教育が重視されるにつれ，その存在意義は高まってくることが期待される。そのためにも産業教育や社会教育に関わる組織や業界団体では，ホワイトカラー資格制度を整備しておくことは重要と思われる。

(2) ホワイトカラー資格と教育

　海外では，大学教育と職業教育の一体化や連係が進んでいる。資格は両者をつなぐ重要な社会制度になり得る。今後，職業教育が学校教育の中で，一定の地位を獲得するにつれ，資格制度を基盤にした教育訓練，能力育成，インター

ン制度など実践的な教育が求められる。社会的な教育基盤としての資格制度を活用することで，国民の勤労意欲，能力と生産性の向上を図ることができる。学校教育，企業や職業教育の実効性を高めることができる。

　中教審の答申はもとより，キャリア志向，社会人大学院や生涯学習への関心の高まりにみられるように，仕事の意義や能力向上など働くことについての主体性がますます重要とされてきている。このような社会的な変化を背景に，大学では就職活動，キャリア教育，さらには職場でのインターンやプロジェクトベースドラーニング（PBL）などが従来以上に重視される時代に入っている。大学で行われる就職活動の支援を通して，卒業生の多くが従事することになる「ホワイトカラーの仕事」に対する認識も高まっている。このような状況からも，職務を遂行するための知識や能力に焦点が当たり，ホワイトカラー資格の必要性も理解されてくると考えられる。資格制度を近い将来の社会的な要請に対応できるものとして設定し，活用することにより，社会的な人材育成はもとより，汎用性のある選抜や評価などにも有効な社会的なツールや資産となり得る。

　特に，経営大学院（ビジネススクール）をはじめとする大学・大学院における社会人教育において，MBAなどのビジネス系学位とホワイトカラー資格との連係を考えることができる。税理士試験において大学院で一定の条件を満たした修士学位を取得し，国税審議会より認定を受けた場合は，所定の科目が免除される。これは，資格と大学院との連係が行われた具体例の1つである。欧米の大学院では，このような専門資格との連係が進んでいることが特徴的である。

（3）ホワイトカラー資格実現への課題

　ホワイトカラー資格を実現する上では，それをどのように策定するかということが課題になる。資格を新たに設定される際，必要とする業界が自らのサービスレベルや商品力を向上・保持するために取り組む場合は成功率が高い。確かに独自性の強い業界，例えば金融業界やファッション業界では単独で業界での育成や育成制度が発達している。しかし，職能に基づくホワイトカラー資格の場合はある特定の業界だけではなく，産業界全体に通用するものとすべきで

あろう。したがって，労働，教育，経済の関連機関や団体が協力し合い，公的機関を設置し，生産性，人材育成および公共福祉の見地から，基盤を整備することが必要であろう。

個々の従業員，ホワイトカラーにとっては資格が整備されることで，自分の経験や能力を社会的に認定されるというメリットがある。これは資格の直接的で短期的にわかるメリットである。同時に企業など組織も，間接的にそして長期的には資格があることの恩恵にあずかるはずである。それまで各組織で行われた人材育成や適性人事，評価，就職（中途採用，転職）について，より効率的に合理的にそして有効に行える可能性が高まるためである。社会で進んだ仕組みがシェアされて広まり，個々の組織にとって人材育成や評価などがより有効なものとなることが期待される。

企業や業界に任せたほうが，良いものができる可能性があるが，それは業界ごとにばらつくことになる。企業に任せた場合，その設立には大変時間がかかり，またできない可能性も高い。従業員となる国民にとって，社会全体にとって必要性が高いとの国民的コンセンサスを得られることが大事である。それができれば，教育，労働，産業を扱う官公庁が主導して，ホワイトカラー資格の設定を進めることが望まれる。

（4）ホワイトカラー資格の限界と可能性

一方，日本でのホワイトカラー資格についての限界も少なくない。これは現状のようなホワイトカラー資格のない状況が続いてきたことの理由でもある。ホワイトカラーの仕事はとても多様であり，複雑である。そうした仕事について，たとえ同じ職能といえども，共通な資格を作ることはとても難しい。それでも，新入社員から入社5年目くらいまでのエントリーレベルの段階であれば，人事や経理，営業や購買といった職能部門ごとの仕事にはかなり共通点があり，有効に機能し得るホワイトカラー資格を設定できる可能性は高いと考えられる。

入社10年目以降になり，管理職としての仕事の役割が高まってくると，共通な職能の部分から，各組織に特有の商品知識や関連情報が増えてくる。さらに企業文化や組織文化という特定の知識も増えてくる。そうなると職能としての部門に共通な知識の割合は低下し，それ以外の各組織固有の知識や情報が増え，

信頼できる職務能力の情報は得られなくなる。すなわち，ホワイトカラー資格のような汎用性のある職務能力を示す制度の構築はきわめて困難ということになる。

このような状況下では，ホワイトカラー資格といった制度を設定できたとしても，有効に活用できるのは，新人から若手・中堅までの限られた職位であり，また特定の職務部門となることも考えられる。例えば，新入社員から3年程度の初級層では使われるが，それ以上の層では，求められる職務に必要な知識や能力が資格で規定できるものと乖離し，ホワイトカラー資格が役立つ部分は限られるということになる。

これに対して，別の考え方もある。2015年に設置されたビジネスマネジャー検定では，人と組織，業務，リスクといった共通のマネジメント知識を対象にしながら，数年で，年間1万人以上の受験者を集めている。これは，所属企業の業種や担当する職能を問わず，一般社員から管理職までの汎用的な職務能力が存在することを示している。このようにホワイトカラー資格には，汎用で共通する切り口もあり，業界や職務部門での区分と併用することも考えられる。

2　ホワイトカラー資格の存在意義

業界型，職能型，汎用型など枠組みはいろいろ考えられるが，ホワイトカラー資格は，ぜひとも公的な資格として設定しておくことが有効と考える。そのように考える理由としては，以下の4点があげられる。それらがホワイトカラー資格の存在意義であり，本書の結論の1つである。

（1）目標をもっての能力開発

育成プログラムや自己啓発制度など教育訓練制度の整った企業とそうでない企業があるなど，能力開発の環境は，個々の組織で大きく異なることが多い。しかし，汎用性のあるホワイトカラー資格が設置されれば，どこのどのような組織にいても，資格が共通の目標になるし，そこに到達するためのガイドラインとしても機能する。何ら指標のない状態から比べれば，ある職能で仕事をす

る能力を高める上で，大変心強い指標となり得るのがホワイトカラー資格である。

(2) 意欲的な仕事への取組み

　意欲的に仕事に取り組むためには，仕事をすることでさまざまな欲求を達成できることが必要になる。資格が機能することで，仕事をする力のあることが保証され，成果となる商品やサービスへの貢献が明確になる。資格は間接的な支援であるが，資格を媒介として，働く人が自らの仕事の達成を確認できるため，意欲をもって仕事に取り組める。資格が職務の成果，達成度を測る指標として機能することで，仕事を「見える化」することができる。多くのホワイトカラーにとっては，賃金や時間など労働条件は大きな問題でなく，意欲の源泉になるのは，仕事への貢献や能力の向上など自己実現の欲求が重要となる。資格制度が機能することで，そのような，いわゆる高次元の欲求を達成することにつながる。

(3) 経験・能力・知識の認定

　資格を取得することで，ある特定の知識を持っている，またそれを理解する能力がある，行動をすることができる，以上のことを社会的に認められることになる。これは経験，能力，知識の証明であり，それらを有していることの証拠である。このことは資格の最も一般的な効用であり，直接的な効果である。誰もが自分の経験や能力，知識を認められることに大きな喜びと満足を感じる。このように資格は達成感，満足感，充足感をもたらし，自己実現の欲求を満たすものとなる。

(4) 適した仕事の探求

　ホワイトカラー資格が，仕事をする能力の社会的な評価となり，外部でも認められるようになると，客観的で有効な職務遂行能力が明確になる。資格を取っただけで，仕事に就くことが保証されるものではないが，経験や面接だけでなく，客観的に職務能力が示されることで，中途採用など労働の流動化がより適切なものになり得る。従来までは，業務実績など前職の経験年数と意欲や

コミュニケーションを面接で評価して採用を決めることが多かったが，資格が機能すれば，これは有効な指標となり得る。

ホワイトカラー資格と職務評価基準

これまでホワイトカラーのための資格は，終身雇用や年功制から，外部での評価は必要ないとして，できなかったという理由は大きい。しかし，その理由以外に実際に使える資格，仕事能力を証明できる有効な評価制度は作成できない，というあきらめのような考え方があったように思われる。

事務系ホワイトカラーの仕事は，多様で把握できないし評価できない，との先入観がある。これまでの仕事の仕方から，特に日本の事務系ホワイトカラーは，「何でも屋」というあり方が主流であったように思える。そのため，職務の内容を精査する，明確にする，基準を作るといったことにはあまり取り組んでいない。実際には，決して「何でも屋」ではないし，専門性の高い仕事も行っている。コアの仕事は何か，それを中心に考えれば，かなり実効性のある職務基準を作ることは可能である。

そうした職務基準は各組織固有のものだが，代表的な職能についてホワイトカラー資格がある場合は，その内容を検討し，どれほど汎用性があるかを確認する必要がある。おそらく，ホワイトカラー資格で捉える部分と，資格とはせずに職務能力評価基準など社会的に共通な評価尺度を活用する部分がある。資格の場合は，どうしても合格か否かの線引きが必要になり，どの程度の水準にあるかの自己評価は難しい。それに対して評価基準であれば，合否の区別はなく，達成の度合いがわかる。このように資格と関連する評価制度をうまく併用できれば，コア業務のかなりの部分は評価に使える。あとは，評価部分について，いかにして，標準化を図ることができるかが課題になる。

資格となると，かなり限定的な職務領域や水準を設定しなければならず，各職務に対応することは難しい，だからできないと思われがちである。資格の設定においては，職能別，業界別，それに職級別と1つだけでなく，さまざまな基準を考えることができる。例えば，初級段階では社会人基礎力のように広範

な資格もできる。また中堅層では，職能別を基本に，業界別の資格も併用できる。

4 日本のホワイトカラー資格のあり方

最後にホワイトカラー資格のあり方として，次の3点をあげたい。これらはホワイトカラー資格の意義を示し，実現のための基本的考えとなるもので，本書のもう1つの結論となる。

(1) 教育的効用の重視

資格の存在意義として，一般的には知識や能力を有することを証明することであるが，ホワイトカラー資格においては，教育的な要素が大きくなると思われる。それは資格取得の目標設定やそのための努力は個人主導で行われ，人材育成や自己啓発の支援制度とすることが最も有効と考えられるからである。

さらに，自己効力感やモチベーションの源泉となること，キャリア開発の指標となるなど個人との関わりや成果が大きい。反対に企業や雇用組織がイニシアティブを持つと，どうしても評価や人事異動に関わり，それでは人事考課制度になってしまう恐れがある。もちろん，教育訓練制度や自己啓発制度の一部として組み込まれ，能力開発やキャリアップ支援を行うことを一義とすれば，それは理想的である。

資格とは，個人の学習成果を公的機関が評価認定し，特定の組織内でなく，広く社会でその意義が認定されていることが重要である。教育的な使い方が，資格本来の姿と考えられる。ホワイトカラー資格があることで，職務の目標ができ，それに向かっての教育訓練や自己啓発が行われる。その達成レベル，水準も全国的なものとなり，地域企業や中小企業であっても，情報やモデルが少ないといったハンデがあまりなくなるという利点がある。

さらに教育的な制度の発展形として，キャリア教育の1つとして，学校との連係が考えられる。具体的には中等高等教育での教育プログラムや大学・大学院での科目や学位との連動である。こうした連係が行われることで，職業教育

が広がり，学校教育との関連性を持つことができる。

（2）人事評価での留意

　教育的な意義のほかには，やはり組織内での評価，異動や育成の情報が考えられる。このような目的での資格の利用が決して良くないというわけではない。むしろ，評価の目的は企業などでの実際の利用のためには必要かもしれない。問題は，その使い方であり，評価だけの目的にはそぐわない面があるため，そのままの利用とはせず，各組織で評価制度の十分な吟味が求められる。

　これはちょうど目標管理が，職務を計画的に進めるために行われるのだが，実際には評価に使われることを危惧することと似ている。評価とは別，評価には絶対使わない，ということで，真の目標，本当の達成具合が示せる。それでこそ実際の進捗や課題，補強が必要な個所などがわかる。しかし，いったん，これらが評価につながっていると知ると，誰も本当のことは書かなくなる。たいていが達成率は90～120％と良い数値に収まる。そうなるように目標を作るし，そう評価する。だから本当の問題もわからなくなり，達成感もわかない。これは，「見える化」の問題点である。なんでも数値に置き換えると，その根拠，ベースはわからなくなるからである。

　資格の取得でも達成度合いを，ただ量的に判断することは避けなくてはならない。そのためにはホワイトカラー資格は，知識確認の得点だけで，合否を判断すべきではないだろう。これは資格の種類や種別によって一概には言えないが，ペーパーテストという筆記試験の結果だけに頼る資格では，実効性のあるものはできないと思われる。行動観察など実務的な判断と行動を評価できるような仕組みが求められる。

（3）社会で通用する外部評価

　もう1つの意義は，外部での評価である。既述のとおり，内部評価では人事考課などとは区別されるべきとしたが，転職など外部からの評価を得る上では，資格が活用されることが大きな存在意義となる。つまり資格は個人の能力の証明であり，それだけでよいという人も一定の割合でいるが，ホワイトカラー資格では社会的な能力証明ができることが最大の存在意義と言える。なぜなら，

育成を図り，能力向上を個人で確認し，それで満足できるなら，必ずしも公的資格である必要はない。

　しかし，それを実際に使うかどうかは別としても，いつかどこかで活用し，外部社会でも能力・知識があることが証明できるのは，ホワイトカラー資格の独自の有効性であり，そうした存在となることが，ホワイトカラー資格の本来の存在意義であり，真の目的と言える。

　このようにホワイトカラー資格の実現とその有効な活用には，いくつかの課題を克服することが必要である。ホワイトカラー資格も経済性や合理性だけで自然発生することはなく，個人の保護や育成，長期的な社会的資本としての人材育成という見地から，法的かつ政策的な整備という視点が必要になる。個人と組織が協力し，ウィンウィンの関係でその雇用と労働，能力発揮と育成を実現するために，社会的かつ公的な制度として，ホワイトカラー資格が実現することに期待するものである。

あとがき

　本書は，ホワイトカラーの仕事力を社会的に認定評価する際の指標となる「ホワイトカラー資格」についての研究成果に基づくものである。筆者のホワイトカラー資格に関する最初の成果は，2003年２月，所属の東京都立短期大学経営システム学科紀要『研究論集』への投稿論文で，外部での発表は同年７月の日本労務学会全国大会での学会報告であった。

　それ以降，人材育成学会，日本経営学会，国際ビジネス研究学会，日本マネジメント学会にて報告を行い，いくつかの学会誌に論文を掲載していただいた。しかし，これらは大学教員など学会員のための専門組織における発表であり，一般社会への公表が十分なされてきたとは言い難い。これらの研究成果は，2007～2010年度「ホワイトカラーの専門性と公的資格の研究」，および2012～2014年度「ホワイトカラーの職業能力開発の研究」の科学研究費補助金（科研費）を受けたものであり，このような研究成果を一般書として出版することは，研究者としての喜びであるとともに，責務の１つでもあろう。

　本書は，筆者の15年あまりの研究成果に基づくものであり，それ以前の「組織内プロフェッショナルの研究」との連係を考えると，20年以上の研究の集大成ともいえる。筆者は1999年に横浜国立大学で博士学位を授与され，博士論文をベースに，2001年『組織内プロフェッショナル』を上梓したものの，２冊目の専門書となる本書ができるまでには，予想以上に多くの年月を要した。あと数年早い出版を予定していたが，計画性が不十分であり，また強固な意志が保てず，遅れてしまった。それでも何とか執筆を継続し，本書が完成したのは，長時間労働で苦労しながらも生産性が低いなどと批判される日本のホワイトカラーの仕事を世界に誇れるものにしたいとの筆者の思いと，研究調査を通して多くの方々からいただいた優れた知見と温かいご支援のお蔭にほかならない。

　本書の完成に際し，これまでに大変多くの方々からご指導いただいたことにあらためて御礼申し上げたい。（以下は旧所属を含む）筆者がはじめて勤務した研究教育機関である産能短期大学・産業能率大学の故小林薫先生，森田一寿

先生，森脇道子先生，吉川雅之先生，村上良三先生，城戸康彰先生からは経営学の実践と理論の重要性を学ばせていただいたことに感謝したい。

その後の勤務先である，首都大学東京の森本博行先生，桑田耕太郎先生，細海昌一郎先生には研究はもとより，教育や学務など多くの面でご指導いただいたことに御礼申し上げたい。

横浜国立大学大学院では，故稲葉元吉先生，山倉健嗣先生をはじめとする先生方から受けた学恩はあまりに大きく，研究成果により少しでも恩返しができればと願う次第である。

日本労務学会，日本経営学会，組織学会，人材育成学会はじめ関連する研究会では，報告や討議を通して諸先生からご指導をいただいている。とりわけ，故根本孝先生（明治大学），故梅津祐良先生（早稲田大学），石田英夫先生（慶應義塾大学），花田光世先生（同学），木谷光弘先生（明治大学），永野仁先生（同学），白木三秀先生（早稲田大学），福谷正信先生（立命館アジア太平洋大学），太田肇先生（同志社大学），谷内篤博先生（実践女子大学），藤本雅彦先生（東北大学），石川淳先生（立教大学）からは本研究に関する有益な助言をいただいたことに感謝致したい。

米英での研究調査において，その準備などでお世話になった吉田優治先生（千葉商科大学），佐藤憲正先生（桜美林大学），現地で貴重なアドバイスをいただいたオックスフォード大学のイアン・ニアリー先生，苅谷剛彦先生，ケン・メイフュー先生，ウォーリック大学のアラン・ブラウン先生，セントジョンズ大学のチャールズ・ワンケル先生，ロワン大学のトム・ブライアント先生，香港中文大学の牧野成史先生にも御礼を申し上げたい。

共同研究や委員会活動においても，多くの先生方からご指導をいただいている。特に，梶原豊先生（高千穂商科大学），植木英雄先生（東京経済大学），西山明彦先生（一橋大学），井原久光先生（東洋学園大学），山本寛先生（青山学院大学），木谷宏先生（県立広島大学），杉浦正和先生（早稲田大学），櫻木晃裕先生（宮城大学），原田順子先生（放送大学），新井吾朗先生（職業能力開発総合大学校）からは貴重な助言をいただき，感謝致したい。

また筑波大学・大学院に縁のある故高柳暁先生（中央大学），中根雅夫先生（国士舘大学），丹野勲先生（神奈川大学），中山健先生（横浜市立大学），薄上

あとがき

二郎先生（青山学院大学）にはいつも有益な情報交換をさせていただいており，あらためて御礼申し上げる。

さらに筆者は企業や専門組織など学外の方々からも多くの知見をいただいてきた。日産自動車㈱の下風賢治氏，今津英敏氏，菊池伸行氏，中央職業能力開発協会の有馬隆継氏，高田利哉氏，同協会委員の故稲山耕司氏らから，ホワイトカラーの仕事や資格の実践についてうかがえたことにも感謝したい。

筆者の勤務する大分大学経済学部では学部長の大崎美泉先生，前学部長の市原宏一先生，下田憲雄先生をはじめとする教職員の皆様に日頃から大変お世話になっており，素晴らしい研究教育環境に感謝している。とくに松隈久昭先生，高見博之先生，仲本大輔先生からは多くの助言をいただいており，記して御礼申し上げる。また大分大学大学院博士後期課程で学ばれた中道眞先生（別府大学），松笠裕之先生（九州産業大学）をはじめ，これまでの多くの院生や学部生からいただいた教育や論文指導の機会にもとても感謝している。

本書の出版をお引き受けいただいた㈱中央経済社代表取締役社長山本継氏とご担当の酒井隆氏にも御礼申し上げる。ここでお名前をあげられなかった方々を含め，多くの皆さま方からのご支援やご指導なくして，本書を完成させることはできなかった。本当にありがとうございました。最後に，これまで家族のために献身的に働いて，筆者の仕事を支えてくれた妻，須己に感謝したい。

本書を構成する研究は，JSPS科研費 19330085，24530466の助成を受けたものである。

2017年12月

高崎山を望みつつ

宮下　清

参 考 文 献

Abegglen J. C. & Stalk, G. Jr., Kaisya, Basic Books, 1985.（植山周一郎訳『カイシャ』講談社，1986）

阿形健司「職業資格の効果分析の試み」『教育社会学研究』No.63, pp.177-197, 1998.

阿形健司「職業資格の効用をどう捉えるか」『日本労働研究雑誌』No.594, pp.20-27, 2010.

尼子哲男『日本人マネジャー』創元社，1992.

安藤喜久雄「能力主義時代の会社意識と仕事意識」pp.2-10, 雇用開発センター『資格・キャリア形成と人材開発』雇用開発センター，1994.

青木昌彦・小池和男・中谷巌『日本企業グローバル化の研究』PHP研究所，1989.

新井吾朗「我が国職業能力評価制度の特質—英国NVQとの比較を中心に—」『職業能力開発総合大学校紀要』第32号B, pp.11-24, 2003.

Argyris, C. "Teaching smart people how to learn," Harvard Business Review, 69 (3), pp.99-110, 1991.

浅野浩子「イギリスにおける実務教育の実情: 職業資格を中心として」『仙台白百合女子大学紀要』pp.167-178, 1998.

バロン，ロベール，J.著／猪原英雄訳『日本型ビジネスの研究』プレジデント社，1978.

Bartlett, C. A., & Ghoshal, S. Managing across Boarders: The transnational solution. Harvard Business School Press, 1989.

Beamish, P.W., & Inkpen, A.C. "Japanese Firms and the Decline of the Japanese Expatriate", Journal of World Business, , 33 (1): pp.35-50, 1998.

Black, J. S., H. B. Gregersen, M. E. Mendenhall and L. K. Stroh, Globalizing People through International Assignments. Addision-Wesley, 1999.（白木・永井・梅澤監訳『海外派遣とグローバルビジネス』白桃書房，2001）

Carmichael & Sutherland "A holistic framework for the perceived return on investment in an MBA," 32 (2), S. Afr. J. Bus. Management, 2005.

Christopher, R. C. Second to None: American Companies in Japan, Malanie Jackson, 1986.（徳山二郎訳『日本で勝てれば世界で勝てる』講談社，1986）

中央職業能力開発協会『ビジネス・キャリア制度のすべて』日本法令, 1994.

中央職業能力開発協会『ビジネス・キャリア制度活用状況調査結果概要』中央職業能力開発協会, 1998/2001.

中央職業能力開発協会『ビジネス・キャリア』Vol.12／13, 中央職業能力開発協会, 2001.

中小企業診断協会編「営業力強化のコンサルティング」『企業診断』(2003.2) 50号, 2003.

中央職業能力開発協会のホームページ ビジネス・キャリア検定試験の実施結果 (http://www.javada.or.jp/jigyou/gino/business/shiken-kekka.html (2017.3.3)

中央職業能力開発協会のホームページ ビジネス・キャリア検定試験の概要 (http://www.javada.or.jp/jigyou/gino/business/) (2017.3.5)

中央職業能力開発協会のホームページ 技能検定を参照。(http://www.javada.or.jp/jigyou/gino/giken.html) (2017.9.20)

中央職業能力開発協会のホームページ ビジネス・キャリア検定の試験分野・試験区分を参照。(http://www.javada.or.jp/jigyou/gino/business/bunya.html) (2017.7.10)

中央職業能力開発協会「企業活用事例 三菱電機ビルテクノサービスの場合」『ビジネス・キャリア』Vol.13 (2001) pp.12-15を参照。中央職業能力開発協会のホームページ (2005.2)、ビジネス・キャリア制度の「企業活用事例1 会津オリンパス株式会社」(http://www.bc.javada.or.jp/example/index.html) を参照。

中央職業能力開発協会のホームページ、ビジネス・キャリア検定「活用事例・活用企業のご紹介」(http://www.javada.or.jp/jigyou/gino/business/jirei.html) を参照。(2017.9.17)

CIPD: Chartered Institute of Personnel and Development, *CIPD qualifications*, 2012. (http://www.cipd.co.uk/qualifications/choose/default.htm)

CIPD: The Chartered Institute of Personnel and Development http://www.cipd.co.uk/ (2017.3.10)

Deci, E. L. Intrinsic Motivation, Plenum Press, 1975. (安藤延男・石田梅男訳『内発的動機づけ：実験社会心理学的アプローチ』誠信書房, 1980).

Drucker, P. F. Management: Tasks, Responsibilities, Practices, Harper, 1973.

Edstrom & Galbraith, "Transfer of Managers as a Coordination and Control Strategy in Multinational Organizations", Administrative Science Quarterly, 22: pp.248-263, 1977.

江尻弘『営業の知識』日本経済新聞社, 1988.

Elliott, P. The Sociology of the Professions. Macmillan, 1972.

Ferraro, P. Gary. The Cultural Dimension of International Business. Prentice Hall, 1990.(江夏健一・太田正孝監訳『異文化マネジメント』同文舘出版, 1992)

Francis, Helen and Anne Keegan, "The changing face of HRM: in search of balance", Human Resource Management Journal, vol.16, no 3, pp.231-249, 2006.

藤村博之「公的資格取得と労働移動」連合総合生活開発研究所編『創造的キャリア時代のサラリーマン』日本評論社, pp.135-146, 1997.

藤岡雅宣「外資系企業でのビジネス経験」『通信ソサイエティマガジン』No.20, pp.281-283, 2012.

船井総合研究所『これだけ知れば販売のプロ』日本経済新聞社, 2000.

玄田有史「内部労働市場階層としての非正規」『経済研究』Vol.58, No.4, pp.340-356, 2008.

Gitomer, Jeffrey. The Sales Bible: The Ultimate Sales Resource, Wiley & Sons Inc. 2003.

Gold, J., Rodgers, H. and Smith, V., "What is the future for the human resource development professional? A UK perspective", Human Resource Development International, HRDI 6:4, Rutledge, pp.437-456, 2003.

Grugulis, I. "The contribution of National Vocational Qualifications to the growth of skills in the UK," British Journal of Industrial Relations, 41 (3): pp.457-475, 2003.

ぎょうせい編「「売れない」時代に「売る」コツ」『Forbesフォーブス日本版』第13巻第2号, 2004.

花田光世「日本企業の国際化の発展モデル」『JMAジャーナル』1月号, 1987.

原口恭彦「専門職制度」奥林康司編著『入門人的資源管理』中央経済社, pp.142-159, 2003.

原ひろみ「アメリカの職業訓練政策」『ビジネス・レーバー・トレンド』労働政策研究・研修機構, pp.18-23, 2004.

Harzing, Anne-Wil, Of Beees, and Spiders: "The Role of Expatriates in Controlling Foreign Subsideries", Journal of World Business, 36 (4): pp.366-379, 2001.

林謙二『外資系で働くということ』平凡社, 2000.

開本浩矢「日本企業における成果主義導入・定着に関する一考察」『商大論集』57 (1),

pp.113-132, 2005.
廣田達衛『セールス・マネジメント入門』日本経済新聞社, 1985.
平沼高・佐々木英一・田中萬年『熟練工養成の国際比較』ミネルヴァ書房, 2007.
久本憲夫「ドイツにおける職業別労働市場への参入」『日本労働研究雑誌』No.577, pp.40-52. 2008.
本下真次・佐藤善信「日本における「営業」とMarketing & Salesとの関係」『ビジネス & アカウンティングレビュー』関西学院大学, Vol.17, pp.33-50, 2016.

堀内達夫, 伊藤一雄, 佐々木英一『専門高校の国際比較―日欧米の職業教育』法律文化社, 2006.
細井謙一・松尾睦「第5章営業」小林哲・南千恵子編『流通・営業戦略 [現代のマーケティング戦略③]』, 有斐閣, pp.127-158, 2004.
HR Certification Institute, HR Certification (http://www.hrci.org/HRCertification/), 2012.
HRCI: HR Certification (https://www.hrci.org/) (2017.3.8)
HRPA, The Human Resources Professionals Association (Canada), (http://www.hrpa.ca/AboutHRPA/Pages/Default.aspx), 2012.

飯塚藤雄『営業大変革の時代』産能大学出版部, 1995.
今田幸子・平田周一『ホワイトカラーの昇進構造』日本労働研究機構, 1995.
今野浩一郎・下田健人『資格の経済学』中央公論社, 1995.
稲川文夫「イギリスの職業資格制度「NVQ」」『職業能力開発ジャーナル』, 4月号 pp.24-27, 2003.
稲山耕司「ミドル層開発のパラダイム・シフト」日本経営教育学会編『経営教育研究3：21世紀の経営教育』学文社, pp.105-123, 2000.
井上近子「販売士検定試験における資格取得に関する研究」『目白大学短期大学部研究紀要』pp.43-55, 2013.
石田英夫『日本企業の国際人事管理』日本労働研究機構, 1985.
石田英夫『企業と人材』放送大学教育振興会, 1989.
石田英夫『国際経営とホワイトカラー』中央経済社, 1999.
伊藤恵子「外資系企業の参入と国内企業の生産性成長：『企業活動基本調査』個票データを利用した実証分析」『RIETI Discussion Paper Series』11-J-034, pp.2-39, 2011.

Jacoby, Sanford. The Embedded Corporation, Princeton University Press, 2005.（鈴木良始・伊藤健市・堀龍二訳『日本の人事部・アメリカの人事部』東洋経済新報社，2005）

自動車販売協会連合会のホームページ　総従業員数
(http://www.jada.or.jp/contents/about/kibo.html)（2017.9.17）

実務教育出版編『営業の仕事』実務教育出版，1994.

亀岡大郎『IBMの人事管理』三天書房，1983.

上林憲雄「日本型ビジネススクール教育の論点と課題」『神戸大Discussion Paper Series』16, pp.1-14, 2003.

梶原豊『人材開発論』白桃書房，1996.

Katz R. L. "Skills of an Effective Administrator", Harvard Business Review, Jan.-Feb. 1955.

経済産業省ホームページ「2016年版ものづくり白書」（PDF版）http://www.meti.go.jp/report/whitepaper/mono/2016/honbun_pdf/index.html（2017.3.1）に基づく。

金雅美「国内ビジネススクールに対する7つの幻想」『経営教育研究』12（1），pp.45-56, 2009.

木村三千世「労働者の能力開発および支援制度」『四天王寺大学紀要』第52号, pp.27-46, 2011.

桐村晋次『人材育成の進め方』日本経済新聞社，1985.

岸永三『外資系企業ハンドブック』東洋経済新報社，1998.

岸智子「ホワイトカラーの転職と外部経験―職種別の比較分析―」『経済研究』，49（1），pp.27-34, 1998.

木谷宏「企業内プロフェッショナルの処遇と育成」『日本労働研究雑誌』No.541, pp.58-66, 2005.

木谷宏『社会的人事論―年功制，成果主義に続く第3のマネジメントへ―』労働調査会，2013.

小林規威『日本の合弁会社』東洋経済新報社，1967.

小池和男『大卒ホワイトカラーの人材開発』東洋経済新報社，1991.

小池和男『海外日本企業の人材形成』東洋経済新報社，2008.

小池和男・猪木武徳『ホワイトカラーの人材形成―日米英独の比較』東洋経済新報社，2002.

小島郁夫『ここが知りたい！外資系企業』日本実業出版社，1997.

厚生労働省職業能力開発局『キャリア形成の現状と支援政策の展開』pp.41-42, 2002.
厚生労働省『第9次職業能力開発基本計画』厚生労働省職業能力開発局, 2013.
厚生労働省ホームページ「職業能力評価基準について」
　(http://www.mhlw.go.jp/bunya/nouryoku/syokunou/) (2017. 3. 1)
熊沢誠『能力主義と企業社会』岩波書店, 1997.
倉重英樹「ビジネスは営業から始まる」『Harvard Business Review』第29巻第1号, 2004.
黒田兼一・山崎憲『フレキシブル人事の失敗』旬報社, 2012.
草原繁・中尾隆一郎『転職できる営業マンには理由がある！』東洋経済新報社, 2000.
楠木建「日本のビジネススクールの戦略」『一橋ビジネスレビュー』50 (2), pp.60-75, 2002.
Kuchinke, K. P., "Comparing national systems of human resource development: role and function of post-baccalaureate HRD courses of study in the UK and US", Human Resource Development International, vol. 6, No. 3, pp.285-299, 2003.

Langbert, Mitchell "The Master's Degree in HRM: Midwife to a New Profession？", Academy of Management Learning & Education, Vol. 4, No. 4, pp.434-450, 2005.

牧野昇『外資系企業に学ぶ成功戦略』プレジデント社, 1995.
松村明編『大辞林』三省堂, 1990.
松浦民恵「営業職の育て方」『NU Research Institiute REPORT』18-27, ニッセイ基礎研究所, 2011.
McClelland, D. C., Klemp, G. O. and Miron, D. Competency Requirements of Senior and Mid-level Positions in the Department of State, McBer, 1977.
Miller, Linda, Bruce Acutt & Deborah Kellie "Minimum and preferred entry qualifications and training provision for British workers," International Journal of Training and Development 6‐3, pp.163-182, 2002.
Miller et al. 'Divergent Identities？ Professions, Management and Gender', Public Money and Management; , 2007.
Mintzberg, Henry, Managers Not MBAs: A Hard Look At The Soft Practice Of Managing And Management Development, 2005（『MBAが会社を滅ぼす―マネジャーの正しい育て方』日経BP社, 2006）
宮下清『組織内プロフェッショナル―新しい組織と人材のマネジメント―』同友館,

2001.

宮下清「営業プロフェッショナルの条件：日米自動車販売の営業職にみる専門性と人材育成」『国際ビジネス研究学会年報』11，pp.299-313，2005.

宮下清「ホワイトカラーの職務能力と公的資格―ビジネス・キャリア制度にみる職務能力の育成と評価」『日本労務学会誌』7巻2号，pp.15-27，2005.

宮下清「ホワイトカラー公的資格の現状と課題：日米人事資格の比較考察を中心に」『人材育成研究』4（1），pp.63-80，2009.

Miyashita, Kiyoshi "Japan's Public Qualification for White-Collar Workers Change Management Education and HRM after the Business Career System" Research Paper Series. No.29, 首都大学東京大学院社会科学研究科，pp.1-11，2007.

Miyashita, Kiyoshi "Prospect of Japan's Qualifications for White-Collars Comparisons of Personnel Qualifications in Japan and USA" Research Paper Series. No.50, 首都大学東京大学院社会科学研究科，pp.1-15，2009.

宮下清『テキスト経営・人事入門』創成社，2013.

宮下清「ホワイトカラーの公的資格とビジネス学位：日米英ホワイトカラー調査の国際比較から」『日本経営学会誌』，第32号，pp.118-130，2013.

宮下清「日米英ホワイトカラー資格に関する一考察―人事資格の国際比較を中心に―」『日本労務学会誌』第15巻第1号，pp.20-37，2014.

Miyashita, Kiyoshi "Job Ability Development of Japanese White Collar Workers", World Review of Business Research, Vol.4 No.2, pp.85-94, 2014.

Moran, Robert T. and Riesenberger, John R. The Global Challenge. McGraw-Hill International (UK), 1994.（梅津祐良訳『グローバルチャレンジ』日経BP社，1997）

森五郎・菊野一雄ほか『現代日本の人事労務管理―オープン・システム思考―』有斐閣，1995.

中西正雄「『営業』の仕事」『商学論究（関西学院大学商学部）』50，pp.237-257，2002.

中嶋哲夫「成果主義は日本の賃金制度を変えたか」『日本労働研究雑誌』573，pp.46-49，2008.

根本孝『外資系企業の人的資源管理』創成社，1988.

Newman, A.D. and Rowbottom, R.W., Organization Analysis, Heinemann, 1968.（土屋敏明訳『組織分析』ダイヤモンド社，1971）

日本経済新聞（2017.9.15）

日経連「新時代の『日本的経営』」『日経連タイムス』第2302号，1995.
日経連出版部編『外資系企業の評価システム事例集』日本経団連出版，1999.
日経連出版部編『ナレッジマネジメント事例集』日本経団連出版，2001.
日本労働研究機構『諸外国における職業能力評価の比較調査，研究―イギリス―』日本労働研究機構，2002.
日本労働研究機構『採用戦略と求める人材に関する調査報告書』日本労働研究機構，2003.
日本商工会議所検定「販売士」ホームページ
　http://www.kentei.ne.jp/hanbai/（2003.4.10）
　https://www.kentei.ne.jp/retailsales（2017.3.12）
日刊自動車新聞社・日本自動車会議所共編『自動車年鑑ハンドブック―2003～04版―』日刊自動車新聞社，2003.
西村孝史・守島基博「企業内労働市場の分化とその規定要因」『日本労働研究雑誌』No.586, pp.20-33, 2009.
野中郁次郎・紺野登『知識経営のすすめ』筑摩書房，1999.

桶田篤『外資系企業 イン ジャパン』同文舘出版，1988.
太田肇『仕事人の時代』新潮社，1997.
大竹文雄・唐渡広志「成果主義的賃金制度と労働意欲」『経済研究』Vol.54, No.3, pp.193-206, 2003.
大滝令嗣『営業プロフェッショナル高業績の秘訣』ダイヤモンド社，1996.
Ouchi, William G., Theory Z: How American Business Can Meet the Japanese Challenge, Addison-Wesley Publishing, 1981.（ウィリアム・G. オオウチ著，徳山二郎監訳『セオリーZ：日本に学び，日本を超える』CBSソニー出版，1981）

Page et al. "Positioning the MBA product,", Journal of General Management, 30-1, 2004.
Peters, T., & Waterman, R. In Search of Excellence: Lessons from America's best run companies. Harper and Row, 1982.（大前研一訳『エクセレント・カンパニー』講談社，1983）
Pil, F. K. & MacDuffie, J.P. "What Makes Transplants Thrive: Managing the Transfer of "Best Practice" at Japanese Auto Plants in North America", Journal of World Business, 34（4）: pp.372-391, 1999.
ポール・ゴールドスミス著／千葉望訳『外資系企業が欲しい人欲しくない人』メタ

モル社，1999.

Pucik, V., Hanada, M., & Fifield, G. Management Cultures and the Effectiveness of Local Executives in Japanese-owned U.S. Corporations. Tokyo: Egon Zehnder Internatioanl. pp.83-108, 1989.

プレジデント社「売れる営業，売れない営業」『プレジデント』2003.3.31号，2003.

Rhinesmith, H. Stephen. A Manager's Guide to Globalization. Richard D. Irwin, 1993. （小林薫訳『グローバリゼーション・ガイド』サイマル出版会，1994）

リクルートエージェントのホームページ「転職における資格の有効性」より https://www.r-agent.com/guide/ranking/shikaku/ （2017.9.16）

Robinson, Richard D. Internationalization of Business: An Introduction. Holt, Rinehart and Winston, 1984. （入江猪太郎監訳『基本国際経営戦略論』文眞堂，1985）

Rosenzweig, P. M. "The new 'American Challenge': Foreign Multinationals in the United States", California Management Review, pp.107-123, 36（3），1994.

労働政策研究・研修機構編『日本の職業能力開発と教育訓練基盤の整備』（独）労働政策研究・研修機構，2007.

労働政策研究・研修機構『諸外国における能力評価制度―英・仏・独・米・中・韓・EUに関する調査』JILPT調査シリーズNo.102, 2012.

労働政策研究・研修機構『企業における資格・検定等の活用，大学院・大学等の受講支援に関する調査』JILPT 調査シリーズNo.142, 2015.

労働省職業安定局編『職業ハンドブック』，1997.

佐久間賢『現地経営の変革』日本経済新聞社，1993.

佐野陽子・川喜多喬『ホワイトカラーのキャリア管理』中央経済社，1993.

産能大学人材開発システム事業部『人材開発と公的資格援助に関するアンケート調査報告書』学校法人産能大学，1997.

産労総合研究所「自己啓発援助制度の実態」『企業と人材』産労総合研究所，pp.286-296，2003.

産労総合研究所編「営業社員研修を見直す視点」『企業と人材』Vol.36, No.810, 2003.

産労総合研究所『企業と人材』産労総合研究所，2006.4.5号，pp.4-11，2006.

佐藤厚「新時代のマネージャー・リーダー人材の役割と育成―研究サーベイを中心に―」『生涯学習とキャリアデザイン』法政大学キャリアデザイン学会，pp.3-23,

2013.

佐藤博樹・藤村博之・八代充史『新しい人事労務管理』有斐閣，2007.

Schein, E. H. Career Dynamic, Addison-Wesley, 1978.（二村敏子・三善勝代訳『キャリア・ダイナミクス』白桃書房，1991）

Schlossberg, N. Overwhelmed, Lexington Books, 1989.（武田圭太・立野了嗣訳生命保険協会『「選職社会」転機を活かせ』日本マンパワー出版，2000）

生命保険協会のホームページ 営業職員数
（http://www.seiho.or.jp/data/statistics/trend/pdf/29.pdf）（2017.9.25）

社会経済生産性本部『～ビジネス・キャリア制度～個人活用に関する調査研究報告書』（財）社会経済生産性本部，2001.

SHRM：Society for Human Resource Management）
（http://www.shrm.org/about/Pages/default.aspx）（2017.3.8）

社会経済生産性本部『ビジネス・キャリア制度個人活用マニュアル』（財）社会経済生産性本部，2002.

社会経済生産性本部社会労働部『第7回日本の人事制度の変容に関する調査結果概要』社会経済生産性本部，2004.
http://activity.jpc-net.jp/detail/lrw/activity000675/attached.pdf#search（2004.6.19）

資格の門ホームページ（http://shikaku-mon.com/mokuteki/ninki, 2017.3.8）

下川浩一『日米自動車産業攻防の行方』時事通信社，1997.

下川浩一・岩澤孝雄『情報革命と自動車流通イノベーション』文眞堂，2000.

塩地洋・T. D. キーリー『自動車ディーラーの日米比較—「系列」を視座として—』九州大学出版会，1994.

白井泰四郎『現代日本の労務管理』東洋経済新報社，1992.

白矢圭子「販売員の技能形成」『日本労務学会誌』第4巻第1号，pp.41-49，2002.

SHRM Society for Human Resource Management
http://www.shrm.org/pages/default.aspx（2012.10.4）．

総務省統計局『労働力調査年報』2002.

総務省統計局「年齢別階級別転職者数および転職者比率:第8表」『労働力調査平成23年平均全国（結果の要約）』
http://www.stat.go.jp/data/roudou/sokuhou/nen/dt/index.htm（2012.4.17）

総務省統計局「採用管理・退職管理：第15表　企業規模・産業，新規大学卒・大学院卒の採用方法別企業数の割合」『平成16年雇用管理調査』，2004.

Spencer, L. M., and Spencer, S. M., Competence at Work, Willy, 1993.（梅津祐良・

成田攻・横山哲夫訳『コンピテンシー・マネジメントの展開』生産性出版，2001)
Spencer & Spencer, Competence at work: Models for superior performance, Wiley, 1993.
Super, D.E. The Psychology of Career, Harper & Brothers, 1957.（日本職業指導学会訳『職業生活の心理学』誠信書房，1960)
Swailes, S. and S.Roodhouse, "Vocational Qualifications and Higher Education: some policy issues," Policy Futures in Education, 2-1, pp.31-52, 2004.
週刊ダイヤモンド編集部編『営業の鉄人』ダイヤモンド社，1997.
週刊ダイヤモンド編集部「「営業」入門」『週刊ダイヤモンド』ダイヤモンド社，4月2日号，2005.
週刊ダイヤモンド編集部「資格の実力・難易度全評価」『週刊ダイヤモンド』ダイヤモンド社，2008.11.29号, pp.66-68, 2008.

高木晴夫『人的資源マネジメント戦略』有斐閣，2004.
高橋浩夫『グローバル経営の組織戦略』同文舘出版，1991.
高橋保幸「雇用形態の変化に見る職業資格の意義」『東北大学大学院教育学研究科研究年報』60-1, pp.101-115, 2011.
高橋保幸「スウェーデンにおけるキャリア教育と雇用に関する研究」『東北大学大学院教育学研究科研究年報』, 61 (1), pp.33-48, 2012.
高橋陽子「ホワイトカラーの「サービス残業」の経済学的背景」『日本労働研究雑誌』No.536, pp.56-68, 2005.
竹内弘高・石倉洋子『異質のマネジメント』ダイヤモンド社，1994.
田村正紀『機動営業力』日本経済新聞社，1999.
田中萬年・大木栄一『働く人の「学習」論』学文社，2005.
田中隆「生命保険販売における営業職員に関する一考察」『生命保険論集』第169号, pp.1-28, 2009.
田中洋子「ドイツにおける企業内教育と「職」の形成」『大原社会問題研究所雑誌』, pp.2-24, 2010.
谷口雄治・新井吾朗「職業能力開発体系のための新たな職業能力評価制度～日本・米国・英国の比較～」第10回職業能力開発研究発表会, 発表レジメ, p.2, 2002.
谷口雄治・平山正己『諸外国における職業能力評価制度の比較調査，研究 ―アメリカ―』日本労働研究機構，2003.
寺田盛紀『日本の職業教育』晃洋書房，2009.
戸田淳二「職務経験はどれだけ重要になっているのか」『日本労働研究雑誌』594,

pp. 5 -19, 2010.
得平文雄『外資系で成功する人しない人』中経出版, 1998.
東京商工会議所ホームページの検定試験情報　ビジネスマネジャー検定試験（http://www.kentei.org/bijimane/）（2017.9.14）
鳥居宏史・清水聰ほか「外資系企業の日本市場への対応」『研究所年報』（明治学院大学産業経済研究所）第21号, pp.11-25, 2004.
辻功『日本の公的職業資格制度の研究―歴史・現状・未来』日本図書センター, 2000.
Tung, R.L., "Selection and Training Procedures of US, European and Japanese Multinationals", California Management Review, 1982, 25 (1), pp.57-71.
Tung, R.L., Business Negotiation with the Japanese, Heath and Compan, 1984. (山田正喜子監修『合弁事業Do & Don't』有斐閣, 1987)
Tung, R. L. "American Expatriates Abroad: From Neophytes to Cosmopolitans", Journal of World Business, 33 (2): pp.125-144, 1998.

梅澤正『職業とキャリア』学文社, 2001.

Van der Sluis "Learning behavior and learning opportunities as career stimuli," Journal of Workplace Learning, 14 (1), pp.19-29, 2002.

若林直樹・西尾由美・松山一紀・本間利通「研究職のキャリア・マネジメントと複線型人事制度：主要製薬企業9社の実践，期待と課題」『京都大学経済学研究科 Working Paper』, pp. 1 -19, 2007.
若杉隆平・戸堂康之『国際化する日本企業の実像―企業レベルデータに基づく分析―』経済産業研究所（RIETI）, Policy Discussion Paper Series 10-P-027, 2010.
Wiley, Carolyn "A comparative analysis of certification in human resource management," The International Journal of Human Resource Management, 10：4, August, pp.737-762, 1999.

柳田雅明『イギリスにおける「資格制度」の研究』多賀出版, 2004.
山田雄一『社内教育入門』日本経済新聞社, 1967.
山口博康『営業部の仕事がわかる』実業之日本社, 2001.
山下京「因果関係モデルによる若年従業員の「仕事の楽しさ」の分析」『大阪大学人間科学部紀要』22, pp.95-110, 1996.

山崎清・竹田志郎『外資系企業』教育社，1976．

八代充史『大企業ホワイトカラーのキャリア』日本労働研究機構，1998．

八代充史「管理職への選抜・育成から見た日本的雇用制度」『日本労働研究雑誌』No.606，pp.20-29，2011．

八城政基『日本の経営　アメリカの経営』日本経済新聞社，1992．

安森寿朗『自動車ディーラー革命』日本能率協会マネジメントセンター，1995．

安森寿朗『21世紀自動車販売「勝者」の条件』産業能率大学出版部，2001．

谷内篤博「新しい能力主義としてのコンピテンシーモデルの妥当性と信頼性」『文京女子大学経営論集』第11巻第1号，pp.49-62，2001．

横山哲夫『人事部ただいま13名』日本経営出版会，1969．

吉原英樹・林吉郎・安室憲一『日本企業のグローバル経営』東洋経済新報社，1988．

吉原英樹『現地人社長と内なる国際化』東洋経済新報社，1989．

吉原英樹・和田充夫ほか『グローバル企業の日本戦略』講談社，1990．

吉原英樹『外資系企業』同文舘出版，1994．

吉森賢『日本の経営・欧米の経営』放送大学教育振興会，1996．

Zimmerman, M., How to Do Business with the Japanese, Julian Bach Literary, 1985.
　（青木栄一訳『ザ・ジャパニーズ・ビジネス』二見書房，1986）

≪著者紹介≫

宮下　清（みやした　きよし）

大分大学経済学部・大学院経済学研究科教授・博士（学術）。
筑波大学第一学群社会学類卒業，米国インディアナ大学大学院経営管理研究科修士課程修了，横浜国立大学大学院国際開発研究科博士課程後期修了。日産自動車株式会社，産能短期大学，首都大学東京などを経て現職。人材育成学会常任理事。英国オックスフォード大学SKOPE研究所客員研究員，早稲田大学トランスナショナルHRM研究所招聘研究員，青山学院大学，国士舘大学，東京都立大学，産業能率大学，(公)日本生産性本部，(財)海外技術者研修協会（現　海外産業人材育成協会）などで講師を務める。
主著：『組織内プロフェッショナル』(2001年，同友館)，『知識経営時代のマネジメント』(2007年，創成社)，『テキスト経営・人事入門』(2013年，創成社）ほか。

働き方改革をすすめる「ホワイトカラー資格」

2018年2月10日　第1版第1刷発行

著　者　宮　下　　　清
発行者　山　本　　　継
発行所　㈱中央経済社
発売元　㈱中央経済グループ
　　　　パブリッシング

〒101-0051　東京都千代田区神田神保町1-31-2
電話　03(3293)3371(編集代表)
　　　03(3293)3381(営業代表)
http://www.chuokeizai.co.jp/
印刷／三英印刷㈱
製本／誠製本㈱

Ⓒ 2018
Printed in Japan

＊頁の「欠落」や「順序違い」などがありましたらお取り替えいたしますので発売元までご送付ください。（送料小社負担）
ISBN978-4-502-24081-2　C3034

JCOPY〈出版者著作権管理機構委託出版物〉本書を無断で複写複製（コピー）することは，著作権法上の例外を除き，禁じられています。本書をコピーされる場合は事前に出版者著作権管理機構（JCOPY）の許諾を受けてください。
JCOPY〈http://www.jcopy.or.jp　eメール：info@jcopy.or.jp　電話：03-3513-6969〉